北京市德育研究会重点关注课题（课题编号：DYZDIA

幼儿园红色教育活动设计与实施

倪彦鹏 等 著

中国农业出版社
北 京

图书在版编目（CIP）数据

幼儿园红色教育活动设计与实施 / 倪彦鹏等著.
北京：中国农业出版社，2025. 5. -- ISBN 978-7-109
-32384-1

Ⅰ. G613

中国国家版本馆 CIP 数据核字第 2024GX1728 号

幼儿园红色教育活动设计与实施
YOUERYUAN HONGSE JIAOYU HUODONG SHEJI YU SHISHI

中国农业出版社出版

地址：北京市朝阳区麦子店街 18 号楼
邮编：100125
责任编辑：孙利平　张　志
版式设计：杨　婧　责任校对：吴丽婷　责任印制：王　宏
印刷：北京中兴印刷有限公司
版次：2025 年 5 月第 1 版
印次：2025 年 5 月北京第 1 次印刷
发行：新华书店北京发行所
开本：700mm×1000mm　1/16
印张：14.25
字数：276 千字
定价：68.00 元

本书各章作者

第 一 章 作 者：倪彦鹏

第 二 章 作 者：倪彦鹏　赵　昶

第 三 章 作 者：倪彦鹏　恒　迪

第 四 章 作 者：倪彦鹏　许丽娜

第 五 章 作 者：倪彦鹏

第 六 章 作 者：倪彦鹏　许丽娜

第 七 章 作 者：倪彦鹏　恒　迪

第 八 章 作 者：倪彦鹏　恒　迪　许丽娜　赵　月　王　笛　梁　佳

第 九 章 作 者：恒　迪　许丽娜　张　悦　郭　颖　赵　月　安博轩
　　　　　　　　吴亚晴　魏佳宁　张忠雪　王　曼　王依然　王　笛
　　　　　　　　崔　静　刘　念　石敬宇　李佳悦　魏海娟　王雨辰
　　　　　　　　马玉伯　赵　伟　季　星　孙　敏　李可新

第 十 章 作 者：恒　迪　许丽娜　周金浩　莽　宇　刘　鑫　郭　颖
　　　　　　　　刘　蕊　王　笛　吕梦蝶　代思佳　王依然　胡　冉

第十一章作者：恒　迪　许丽娜　刘若钰　孙静怡　周金浩　代思佳
　　　　　　　　赵　伟　崔　静　王雨辰　秦佳艺

前　言

在历史的长河中，红色基因承载着中华民族的伟大精神和革命传统，是我们宝贵的精神财富。作为新时代的幼教工作者，我们有责任和义务将这些宝贵的红色文化传承给下一代，将红色基因根植在孩子们的身体里、血脉中。正是基于这样的思考，我们撰写了本书《幼儿园红色教育活动设计与实施》，希望能为幼儿园开展红色教育活动提供一些有益的参考和启发。

本书系统地梳理了幼儿园红色教育活动的理念、目标、内容及开展形式，并结合实际案例，详细阐述了如何设计和实施红色教育活动，提供了相应的教学策略和实施途径。本书不仅包含了丰富的理论知识和实践经验，还十分注重实用性和可操作性，旨在帮助广大幼教工作者更好地理解和把握红色教育的内涵，从而有效地开展红色教育活动。

本书强调了开展红色教育活动的重要性。红色教育是对幼儿进行革命传统教育、爱国主义教育、思想品德教育、民族精神教育、集体主义教育、社会主义核心价值观教育和国防教育的有效途径，是培养幼儿民族精神、社会责任感、公民意识的重要手段。通过红色教育，我们可以让幼儿了解党的历史、学习党的精神、传承党的传统，培养他们的爱国情感和民族精神，为他们的未来打下坚实的基础。

同时，本书也指出，幼儿园红色教育活动的开展需要遵循一定的原则和方法。我们要注重教育活动的针对性和实效性，结合幼儿的年龄特点和认知规律，设计他们感兴趣的和符合他们需求的活动内容。我们还要注重教育活动的互动性和参与性，让幼儿在活动中积极参与、主动探索、亲身体验，从而更好地理解和感受红色文化的魅力。

本书通过多个实际案例，展示了如何设计和实施幼儿园红色教育活动。这些案例涵盖了不同的活动主题、形式和内容，既有传统的红色情景剧表演，也有富有创意的红色主题活动、玩教具制作等。这些案例不仅展示了活动的具体过程和效果，还提供了详细的设计和实施步骤，为幼教工作者提供了宝贵的参考和借鉴。

红色教育是一项长期而艰巨的任务，需要我们每一位幼教工作者共同努力。我们要不断地学习和探索，不断地提高自己的专业素养和教育能力，为幼儿的成长和发展贡献自己的力量。同时，也希望这本书能成为广大幼教工作者的良师益友，为大家开展红色教育活动提供有益的帮助和支持。

在未来的日子里，让我们携手共进，为培养具有红色基因、家国情怀、民族精神和时代精神的下一代而努力奋斗！

倪彦鹏

2025 年 2 月

目　　录

第一章 概 述

北京市东城区春江幼儿园充分利用园所教育资源、家长资源、社区资源，倾力打造幼儿园红色教育发展特色，立足革命传统文化，挖掘红色教育资源与内涵，将培养幼儿爱党爱国爱军情怀、优秀的意志品质、良好的身体素质等目标融入教育、教学及幼儿一日生活中，形成了红色教育课程体系。幼儿园以红色教育活动为抓手，全面开展素质教育及思想品德教育，以为党、为国家培育具有红色基因的优秀接班人为己任，传播和弘扬红色文化，为培养具有新时代全面发展的中国儿童打下坚实的基础。

一、幼儿园红色教育活动的基本概念

革命历史博物馆、纪念馆、党史馆、烈士陵园等是党和国家的红色基因库。幼儿园要讲好党的故事、革命的故事、根据地的故事、英雄和烈士的故事，加强对幼儿的革命传统教育、爱国主义教育、思想道德教育，把红色基因传承好。

幼儿园立足园所优势和特有的园所文化，依据《幼儿园教育指导纲要（试行）》（以下简称《纲要》）、《3～6岁儿童学习与发展指南》（以下简称《指南》）和《幼儿园保育教育质量评估指南》（以下简称《评估指南》）的精神与要求，经过多年一线教研，形成了一套行之有效的红色教育园本课程体系。

幼儿园红色教育活动是指教师利用红色教育资源在幼儿一日生活中有目的、有计划、有组织地开展以革命传统教育、爱国主义教育、思想品德教育等德育教育为主要内容的、适合幼儿年龄特点和学习特点的各种游戏与活动，通过教育活动传承和弘扬红色基因与红色文化，培养幼儿独立自主、艰苦奋斗、勤劳勇敢、不怕困难、无私奉献的意志品质，增强民族自信心和国家认同感，激发幼儿爱祖国、爱人民、爱家乡的美好情感。

二、与幼儿园红色教育活动有关的关键词

1. 红色基因

红色基因是一种革命精神的传承，体现在幼儿身上的"红色基因"应该是

具有坚定的爱党、爱国、爱家的理想信念，吃苦耐劳、锐意进取的拼搏精神，求实创新、坚韧不拔的探索精神，知行合一、活学活用的学习精神，注重实践、敢为人先的创新精神，还要拥有良好的品行和正确的人生观、价值观。

2. 红色文化

红色文化是一种崇高、坚定、顽强的信念文化。红色文化有广义和狭义之分。广义的红色文化是指世界社会主义运动历史进程中，人们的物质和精神力量所达到的程度、方式和成果；狭义的红色文化是指中国共产党领导中国人民实现民族解放与自由及建设社会主义现代中国的历史实践过程中凝结而成的文化形态。红色文化可以概括为革命年代中的"人、物、事、魂"。

3. 红色资源

红色资源是在新民主主义革命和社会主义现代化建设时期，中国共产党在领导各族人民进行革命斗争和现代化建设实践中所形成的、具有重要价值意义的各种精神及物质载体的总和。主要包括重要的革命遗址和遗迹、革命历史博物馆和纪念馆等。2002年以来，最先提出"红色资源"概念的是谭冬发、吴小斌，他们认为"红色资源是指在中国共产党成立以来领导广大人民进行的第二次国内革命战争、抗日战争、解放战争期间所形成的历史痕迹和精神瑰宝"。自此之后，学术界相当多的学者认同此观点。

4. 红色文化教育

红色文化教育是伴随着红色文化的研究而产生的。结合"红色文化"与"教育"的含义，南昌大学陶璐的硕士论文《红色文化教育视域下消除"精神懈怠"的研究》中指出："红色文化教育是指在以革命教育为核心的体系中，以红色资源为依托，以红色文化为题材，与我国传统的忠孝思想充分联系起来，通过以政府为主导、学校为渠道、家庭为支撑和社会为依托的形式，对广大人民群众进行思想品德教育、爱国主义教育和革命传统教育，弘扬与培育民族和时代精神，以实现政权的稳定、社会的团结和力量的凝聚。"

综合以上内容来看，我们认为，幼儿园的红色教育就是充分利用红色资源，对幼儿进行的红色文化教育，以期实现传承红色基因的目的。它具体包括思想品德教育、爱国主义教育、革命传统教育等方面的内容。

三、幼儿园红色教育活动的特点

1. 活动目标综合化

幼儿园红色教育活动往往不是单一的，一个主题活动可能涉及多个领域，一个领域的内容也可能会涉及多方面的目标。因此，红色教育活动其最终目标不单单指向某一个领域，看起来一个简单的红色教育活动可能涉及社会领域、语言领域、艺术领域和健康领域的内容，即活动目标综合化。

2. 活动内容趣味化

幼儿园红色教育活动一定要具有趣味性，才能吸引幼儿的兴趣，让他们玩在其中、乐在其中，在玩中学，在学中玩。孩子们在各种红色教育活动中潜移默化地学习与红色文化有关的知识。

3. 活动形式多样化

幼儿园红色教育活动的内容是丰富的，活动形式更是多样的，这是由幼儿的年龄特点和心理特点决定的。如，在幼儿园可以开展讲述红色故事、传唱红色歌曲、表演红色情景剧、制作红色教育活动玩教具、欣赏红色电影、踏上红色之旅及庆祝红色主题的节日活动等，这些都是幼儿喜闻乐见的活动形式。

4. 活动过程情感化

《评估指南》中一项重要的指标就是"品德启蒙"。顾明远先生在他的《教育大辞典》中指出，要"培养幼儿对亲人和家乡的依恋感，对首都、国旗、国歌等国家象征和民族文化传统的亲切感，对祖国自然景物、历史文化古迹和建设成就的自豪感"。《北京市大中小幼一体化德育体系建设指导纲要》中强调，德育目标中幼儿园学段的教育目标重在感性认知。因此，在幼儿园开展红色教育活动时，情感教育至关重要。幼儿要在红色教育活动中学习对情感的理解与表达，产生对社会的信任和对他人的关爱之情。因此，幼儿园红色教育活动一定要注重为幼儿营造一个和谐、有爱、温暖、友好、富有情感的教育环境，让幼儿能够在游戏中萌生爱祖国、爱家乡、爱亲人的情感。

四、幼儿园开展红色教育活动的现状

目前，很多幼儿园都在开展红色教育活动，但是整体来看，教学水平不高，教学内容较为单调、枯燥，教学目标更多地限定在德育教育，缺乏趣味性，且选择的教学内容由于历史久远、脱离幼儿生活实际、过于抽象等原因，很难让幼儿理解，也无法真正实现内化，达不到教育的真正目的。具体存在以下五个方面的问题：

1. 教学内容远离幼儿现实生活

红色教育活动的内容大多以战争时期的革命先烈、英雄人物的光辉事迹为主，离幼儿的现实生活较远，幼儿很难理解、内化，且内容缺乏趣味性，幼儿不太感兴趣。同时，教育内容主要以红色文化、红色精神为主，较为抽象。而幼儿的思维方式是以直观行动和具体形象为主。幼儿受年龄特点和学习方式的影响，不能很好地理解。因此，应多设计一些符合幼儿年龄特点、贴近幼儿生活、能让幼儿动手操作、真实体验的游戏化活动案例，将红色教育贯穿其中，潜移默化地、循序渐进地对幼儿进行引导和教育，以达到教学目标，实现红色教育价值，让幼儿真正获得发展。

2. 教学方法与形式较为单一

红色教育活动的教学方法与形式较为单一，大多以灌输、说教为主，将红色教育内容当做"知识"传授给幼儿，缺少动手操作、探究体验、互动游戏的环节，忽视幼儿在活动中的体验，让幼儿不能将其内化为自己的主体感受与情感体验，导致幼儿对红色教育内容认知表面化，形成"会说不会做"的现象。教师在设计红色教育活动案例的过程中，应结合幼儿年龄特点和学习特点，创设形式多样、丰富多彩的活动。

3. 教学目标偏理论，较为抽象

红色教育活动的教学目标设定偏理论，较为抽象，不具体，不符合幼儿最近发展区应达到的水平，无法量化、具化。教师应将教学目标落实到"知行合一、学以致用"上，结合《纲要》《指南》和《评估指南》的教学目标和要求，从五大领域入手，突出红色教育活动的特点，全方位、多角度、多领域融合，使幼儿获得全面发展。

4. 教学选材与设计不合理

教师对红色教育内容如何形成幼儿教学活动，哪些内容适合幼儿了解、学习且能达到预设的教育目标，缺乏准确的判断，无法选取相关内容开展教学活动。这就要求教师应加强自身学习，充分了解红色教育内容，了解革命历史、英雄人物事迹等，提高自身的教学能力和水平，做到心中有数。

5. 教学内容陈旧、无新意

红色教育活动的内容应与时俱进，不能停留在过去，应充分利用好红色资源，发挥想象力与创造力，将其发扬光大，深入挖掘新时代背景下红色教育活动的内容，不断推陈出新，将红色精神、红色文化融入幼儿园的各项教育、教学活动中。

幼儿园在教研过程中也针对"红色教育"进行了相关内容的搜索，了解到国内目前的研究方向大致有三个：一是区域性红色教育研究，一般是在一些革命根据地开展，同时开发地域性的红色教育课程体系；二是从红色教育的重要性、价值与路径等方面开展红色教育活动的系统论证；三是将红色教育与思政教育或德育工作相结合进行研究。

（本章作者：倪彦鹏）

第二章 红色教育活动的目的、意义及作用

一、幼儿园红色教育活动的目的

1. 培养良好的生活习惯

现在的幼儿大部分是独生子女，家长对幼儿过度溺爱，无论是吃饭、睡觉等生活活动，还是人际交往、兴趣培养等社会活动，处处保护、过度干涉。只要幼儿提出要求，家长都会尽量满足，时常包办、代替，使幼儿在身心发展方面普遍存在一些问题，如过度依赖、自私、霸道、不愿分享、怕脏、怕累、喜欢攀比、抗挫能力弱等。因此，在幼儿园开展红色教育活动可以培养幼儿自我服务和为他人、为集体服务的能力和意识，促进幼儿在日常生活中自己的事情自己做，学会关心他人、助人为乐，懂得感恩，爱劳动，有责任心。

2. 形成爱国主义意识

红色教育的内容包括爱国主义的知识和内涵，是优秀教学理念和文化成果相融合的结果，具有十分重要的教育价值。在幼儿园开展红色教育活动，可以培养幼儿的爱国主义意识。现阶段的儿童生长在和平年代，物质条件很充足。这让教师很难依靠空洞的说教培养幼儿的民族精神。教师可以引导幼儿唱红歌、走红军长征路，通过多样化的红色教育活动形式，培养他们的爱国情怀，弥补传统教育模式的不足，加深幼儿对红色文化的深度理解，增强幼儿的爱国主义情感，提高他们对国家和民族的认同感和自信心。

3. 塑造良好的人格与品质

幼儿园通过开展红色教育活动，能让幼儿了解我们党和国家的历史和文化，知道老一辈无产阶级革命家和无数先烈抛头颅、洒热血，历尽艰辛，排除万难，才有了我们今天的幸福生活，要学会懂得珍惜和感恩。为了国家富强、民族振兴，要继承和发扬革命优良传统和爱国主义精神、民族精神，树立远大的理想和信念，形成艰苦奋斗、勤俭节约、不怕困难的意志品质。在此过程中，幼儿不仅要了解红色文化知识与内涵，寻找红色之根，被红色文

化浸润，形成红色气质，还要习得红色精神，磨炼红色意志，传承红色基因。

4. 落实立德树人任务

幼儿园开设红色教育活动的目的在于，借助红色教育资源的丰厚历史及文化内涵，对幼儿进行德育教育，形成初步的道德认知、道德规范和道德情感，继承和发扬革命传统及爱国主义、集体主义精神，加强思想道德和行为习惯的培养，激发幼儿爱祖国、爱家乡、爱集体的情感，为自己是中国人感到骄傲和自豪。幼儿园开展红色教育活动，需要教师加强自身爱国主义文化建设，除了培养幼儿的道德品质、修养以外，能够为幼儿传递正能量，培养他们积极向上的性格特征，进一步贯彻、落实立德树人的根本任务。

二、幼儿园红色教育活动的意义

1. 红色教育活动是时代发展的需要，也是幼儿从小树立红色文化自信的需要

幼儿园实施红色教育是新时代发展的需要，也是幼儿从小树立红色文化自信的需要。红色文化中突显和传承了共产党人的灵魂。因此，幼儿园要加强对娃娃的红色教育，引导幼儿做红色文化的继承者，做红色精神的传承人，做红色历史的书写者，真正让红色基因融入时代娃娃的血液。

2. 传承与弘扬红色精神是对幼儿实施德育教育的重要方面

幼儿园德育教育的目的在于帮助幼儿形成初步的道德认知、道德规范、道德行为和道德情感，以便幼儿更好地适应社会的发展。红色精神是中华民族的精神支柱与力量源泉，是对中华优秀传统文化的继承与发展，其核心与实质就是爱国主义，具有丰富的历史文化内涵。因此，在幼儿园开展红色教育能培养幼儿爱国、爱党、爱军的情感，激发幼儿想要了解红色文化、探求红色知识、获得红色体验的愿望。

3. 红色教育对培养幼儿良好的生活习惯、建立生活常规具有重要意义

我国不仅在政治、经济、军事等方面取得了巨大成就，在民生、教育、医疗、社会福利等方面也得到了长足的发展。人民的生活条件和生活质量得到了极大的提升与改善。我们享受着时代给我们带来的幸福与便利，不能忘记老一辈革命家为了我们今天的幸福生活付出了生命与鲜血的代价，要"饮水思源"，要时常怀着一颗感恩的心。许多幼儿受不良风气的影响，缺乏独立意识和自我服务能力，习惯于"饭来张口、衣来伸手"的生活方式，怕脏、怕累，什么事都是家长包办、代替，过度依赖父母，不能遇到一点儿挫折和失败，心理承受能力差，互相攀比，养成自私、骄纵、奢侈的习性，缺乏勤俭节约、艰苦奋斗的作风和意识。因此，开展红色教育活动能引导幼儿树立正确的人生观、价值观，从小养成自己的事情自己做、关心帮助他人、遇事自己努力想办法解决、不轻言放弃、爱劳动等具有正能量的行为习惯和意志品质，建立良好、和谐的生活秩序与常规。

三、幼儿园红色教育活动的作用

1. 丰富幼儿精神生活

（1）让红色文化走进幼儿日常生活。红色教育活动就是要让幼儿在潜移默化中接受红色文化的洗礼。如，在每周的升旗仪式中，由党员或团员教师讲述红色故事，介绍红色文化，小喇叭广播的节目中开设"红色故事""榜样人物""红歌欣赏"等栏目，六一儿童节开展"唱支歌儿给党听"的红歌比赛、红色情景剧表演。开展这些红色文化活动的目的在于，引导幼儿知党史、颂党恩，增强他们对党和国家的认同感，丰富他们的精神生活。

（2）将红色文化渗透在红色主题教育活动中。幼儿园利用节假日开展"走进红色教育基地"亲子实践活动，让幼儿初步感知红色教育场馆和发生在这里的故事。幼儿园每月在小、中、大班开展红色主题大型活动，让孩子们在丰富的游戏活动中感受祖国的强大和人民的幸福生活。此外，幼儿园党团支部、工会共同发起红色教育实践活动，让全体教师走进党史纪念馆、名人故居等红色教育基地，使红色教育的场域、参与人数不断扩大，从园内延伸到园外，从幼儿延伸到教师和家长，让更多的人受益，达到以学促行的目的。

2. 助推教师发展

（1）提高教师政治站位。幼儿园通过组织并开展红色文化教育活动，促进教师更好地学党史、悟思想，提高政治站位，让教师在不断的学习中，自觉履职担责，不断增强责任意识、大局意识。

（2）坚定教师育人的初心与使命。教师的职业发展之路能走多远、在岗位上能取得多大的成就，关键在于教师对自身价值的认同与定位。红色教育能够为教师的职业发展提供强大的精神指引，让教师坚定理想信念，坚定为党育人、为国育才的教育初心和使命。

（3）培育良好的师德师风。教师通过宣讲红色榜样人物的故事、了解文物背后的党史故事、参观红色资源场馆、开展红色故事绘本创作等活动，以德立身、以德立学、以德施教、以德育德，达到用优秀的作风塑造人的教育目的。

（4）助推教师专业发展。教师在教学活动中只有将红色教育内容学明白、学通透，才能给孩子们讲清楚，才能真正让孩子们理解、弄懂、学好。这就需要教师深入学习红色教育内容，备好每一节课，不断提升自己的专业水平。

（5）拓宽教师历史视野。幼儿园要求教师要做到政治要强、情怀要深、思维新、视野要广、自律要严、人格要正。红色教育活动的开展不仅让教师有了宽广的红色文化知识视野，储备了更加丰富的历史性教学资源与素材，更是让教师站在历史的高度有了纵向的时空视野。这也是教师践行立德树人、培根铸魂目标的重要依托。

3. 增进亲子感情

幼儿园通过调查了解到，93.9％的家长支持幼儿到红色文化场馆参观，近80％的家长会带着孩子一起参观，76％的家长会再次为孩子拓展红色文化知识，100％的家长认为通过开展红色文化教育和孩子之间的关系更密切了，交流的话题更多了。孩子们参观红色文化场馆后，能积极、主动地向家长讲述自己的收获与体验。幼儿园通过"小手拉大手"——家园共育活动，共同推进红色文化教育，同时也促进了家长育子观念的转变和红色文化教育成果的转化。

（本章作者：倪彦鹏、赵昶）

第三章　红色教育活动的主要内容

一、革命传统教育

革命传统教育是中国共产党在百年历史进程中为民族独立、人民解放、国家富强、人民幸福而不懈奋斗，进而形成的政治觉悟、革命斗争精神、高尚的品质和优良的作风，包括新民主主义革命、社会主义革命和建设、改革开放和社会主义现代化建设三个时期。革命传统教育强调它的阶段性、连续性和延展性。它并没有把革命时期的文化和社会主义先进文化分隔开。

革命传统教育是幼儿园德育教育的重要组成部分。因此，幼儿园要结合园所资源，因地制宜地开展革命传统教育，选择适合幼儿理解的革命人物光荣故事，带领他们参观革命纪念馆、革命历史博物馆、烈士故居及陵园等，创设多种革命传统教育活动形式，如讲红色故事、看红色电影、唱红色歌曲、看红色展览、表演红色情景剧等，在幼儿的心底埋下一颗红色的种子，引导幼儿了解我国的革命发展史、党的历史和革命英雄人物事迹，继承党的革命优良传统，传承红色基因，激发幼儿的爱国主义情怀，让他们不辜负无数革命先辈用鲜血和生命换来的幸福生活，从小树立为祖国的繁荣昌盛而努力学习、奋斗的理想，追寻革命先烈的足迹，感受革命英雄不畏艰险、舍生取义的大无畏革命精神，厚植爱国、爱党的家国情怀，培养对国家的认同感和自豪感，做新时代社会主义接班人。

二、爱国主义教育

爱国主义教育是指树立热爱祖国并为之献身的思想教育。爱国主义教育是思想品德教育的重要内容。爱国主义教育的目的是培养全民特别是广大青少年的民族自尊心和自豪感，树立为国家和民族无私奉献、英勇献身的理想、信念，自觉维护国家和民族的尊严与利益，提高民族凝聚力，促进国家现代化建设。它的内容主要包括：国家和民族历史教育、民族优秀传统文化教育和国情教育。《纲要》中指出："充分利用社会资源，引导幼儿实际感受祖国文化的丰富与优秀，感受家乡的变化和发展，激发幼儿爱家乡、爱祖国的情感。"教育家顾明远先生在他撰写的《教育大辞典》中，将幼儿的爱祖国教育定义为："通过有计划、有目的的教育活动，培养幼儿对亲人和家乡的依恋感，对首都、国旗、国歌等国家象征和民族文化传统的亲切感，对祖国自然景物、历史文化古迹和建设成就的自豪感。"

幼儿园结合红色教育主题，开展爱国主义教育活动的内容应该以了解我国建党、建国的历史与发展、知道国旗与国徽的含义、参加升旗仪式等为主。同时，对幼儿进行国家安全教育，结合地理特点，深化爱祖国、爱首都，对祖国壮丽河山和悠久历史文化的热爱之情，寓爱国主义教育于瞻仰人民英雄纪念碑、参观军事博物馆等红色教育基地的社会实践活动中，激发幼儿保家卫国的愿望，引导幼儿知道有国才有家，适当渗透一些国防教育，让幼儿从小树立长大后当解放军的志向和保卫祖国的理想。中华民族优秀传统文化教育，内容博大精深，不仅包括哲学、文学、艺术、科学技术等方面的成就，而且蕴含着崇高的民族精神和优良品德。中华五千年的历史进程中，不仅涌现了一大批杰出的政治家、科学家、教育家、文艺家、军事家，而且还保留了丰富的文化遗产、文物古迹。这些都是对幼儿进行爱国主义教育的宝贵资源。幼儿园通过开展中华民族悠久历史的教育，让孩子们了解中华民族自强不息的发展历程，了解我国各族人民对人类文明的卓越贡献，了解历史上的著名人物，了解中国人民反对侵略和压迫、争取民族独立和解放的光辉业绩。

三、思想品德教育

思想品德教育是社会或社会群体用一定的思想观念、政治观点、道德规范，对其成员施加有目的、有计划、有组织的影响，使他们形成符合一定社会要求的思想品德的社会实践活动。思想品德教育是中国精神文明建设的首要内容，也是解决社会矛盾和问题的主要途径之一。因此，思想品德教育在国民教育中显得尤为重要。幼儿园思想品德教育是指教师有目的、有计划、有组织地对幼儿实施思想品德教育的活动，主要目标是帮助幼儿树立正确的人生观、世界观、价值观，"系好人生的第一粒扣子"，形成良好的社会道德行为规范，有一定的社会责任感和公德心，遵纪守法，成为一名合格的公民。幼儿园应引导幼儿了解祖国的政治、经济、文化、历史等方面的知识，关注祖国的建设与发展，树立正确的行为规范与道德准则，认识到自身形象和言行的重要性，懂得遵守班级公约、幼儿园的一日常规要求，通过在园生活、游戏、学习培养幼儿人际交往和社会适应的能力，学会与人友好相处，学会自我保护，增强合作意识和集体意识，在良好的社会环境、文化、法制的熏陶下学会遵守规则，形成基本的社会认同感和归属感。

四、民族精神教育

民族精神是指民族的哲学与智慧。民族文化是民族自信的源泉。有的人盲目崇拜西方社会的生活方式与价值取向，导致民族自信心下降，淡忘中华民族的历史，看不到中华民族的力量和智慧，低估了中华古代文明，这些都是不可取的。民族精神教育就是要激发幼儿的民族自豪感与民族认同感，让其认识时代精神，并自觉地接受自己的民族，形成高度的民族自我意识，增强民族的凝聚力和爱国心。强烈的民族意识和爱国主义精神、奋发图强、艰苦创业、吃苦耐劳、勤劳勇敢、自强不息……这些都是中华民族精神和民族凝聚力的重要体现。幼儿园开展民族精神教育，旨在让幼儿了解中华民族的历史和优良传统，收集并讲述民族英雄人物的光辉事迹和中华民族杰出人物故事，了解中华民族创造的灿烂文化及对人类发展的贡献，让幼儿更加热爱我们的祖国、热爱伟大的中华民族，能够继承中华民族的传统美德，肩负建设祖国的历史重任，增强幼儿的民族自尊心、自信心和自豪感。

五、集体主义教育

幼儿园开展集体主义教育，首先要让幼儿了解什么是集体。集体就是一个少则几个人、几十人，多到上百、上千、上万人组成的一群人，他们有着共同的利益和奋斗目标，包括小组、班级、幼儿园、家庭、军队、国家等。其次，要让幼儿从小树立集体主义观念，热爱集体、关心集体，维护集体的利益和荣誉，有在集体中生活和学习的能力与习惯，遵守班级和幼儿园的各项常规要求，认识、体验并理解基本的社会行为规则，具有公德心和集体责任感，萌发爱祖国、爱家乡、爱幼儿园、爱班级的美好情感。第三，通过集体主义教育，帮助幼儿建立良好的伙伴关系，学会与他人主动交往，分享与合作，培养幼儿团结、互助、接纳、尊重他人的良好态度，获得积极的情绪体验，能够适应集体生活。

六、社会主义核心价值观教育

社会主义核心价值观从公民个人层面提出"爱国、敬业、诚信、友善"的要求，蕴含着对世界、人生、社会等一系列重大问题的思考，影响着每个人的思想观念、思维方式、行为规范。在幼儿园开展社会主义核心价值观教育，可以让幼儿从小接受革命传统教育和爱国主义教育，培养他们自力更生、艰苦奋斗、英勇顽强、实事求是的意志品质，树立诚实守信、团结友善的道德规范，激发爱国主义情怀。

七、国防教育

国防教育是从国家和民族的层面出发，有组织地对公民开展国防知识教育，培养国防意识，提高保家卫国、建设祖国的素质与能力，是关系到国家强弱与民族兴衰的大事。幼儿园开展国防教育的目的在于引导幼儿了解基本的国防知识，认识和明确当前社会国际形势，感受国防力量强大的重要作用，激发幼儿爱国情感和保家卫国的热情，了解军营生活及军事训练，通过游戏化的军事体能训练、参观军事博物馆、认识军事武器、观看阅兵式和升旗仪式、学习应急防护及急救方法、模拟警报疏散演练等，激发幼儿对现代国防的兴趣，提高身体素质与各项体能，学习军人艰苦奋斗、不怕困难、勇往直前、顽强拼搏的意志品质，让幼儿遵守纪律，严格要求自己，一切服从命令听指挥，引导幼儿形成正确的国家主权观、国家利益观、国家安全观，增强国家认同感。

总之，幼儿园开展红色教育是一个长期的过程，必须遵循循序渐进、由浅入深的原则和幼儿的身心发展规律，从小在幼儿心底埋下爱祖国、爱家乡的种子，让红色文化走进孩子们的心中，把他们培养成具有民族精神和民族气概的未来栋梁，弘扬红色文化，培育红色精神，追寻红色记忆，继承红色基因。这些不仅是幼儿教育的需要，也是新时代发展的需要。

（本章作者：倪彦鹏、恒迪）

第四章　红色教育活动的主要形式

一、红色主题教育活动

幼儿园依据《纲要》《指南》和《评估指南》的目标和要求，按照小、中、大年龄班设计了有关红色教育的主题活动。幼儿园以游戏为课程的主要形式，借助各种节日开展红色主题教育活动，具体结合红色教育内容，开展全园大主题教育活动及班级主题活动两种形式，促进幼儿对红色教育内容的理解，在幼儿心中埋下红色的种子，传承红色基因。幼儿园以"童心向党·筑梦未来"为大主题，每月开展系列主题教育活动，如九月"童心向党·月圆中秋"、十月"童心向党·妙笔中国"、十一月"童心向党·歌颂祖国"、十二月"童心向党·喜迎元旦"等，全园围绕一个大主题，不同班级又有不同形式的红色教育内容。这样的主题教育活动，给孩子们留下的印象更深刻，更有教育意义。

幼儿园围绕红色教育有针对性地开展日常教学活动。在日常教学活动中，开展以红色教育为主题的单元主题教育活动，遵循小、中、大班不同阶段幼儿的身心发展特点，挖掘本地区红色教育资源，加以创新，将红色文化渗透到五大领域中。在健康领域，注重发展幼儿强健的体魄、协调的动作，如教师从军体拳中提炼出一套简单而完整的动作，辅以音乐，利用每天的晨操环节，带领幼儿进行操节训练，一方面，增强幼儿体质，另一方面，让幼儿感受军人坚毅、勇敢的精神；在社会领域，教师注重幼儿的社会性发展，如开展认识国旗、认识国徽、介绍红色教育基地等活动，引领幼儿了解国旗、国徽的图案及其意义，感受祖国山川的广袤，萌发爱祖国、爱家乡的情感；在艺术领域，教师开展画国旗、学唱国歌、学唱红歌等活动，深化幼儿对红色文化的理解；在语言领域，教师引导幼儿讲述革命小英雄的故事，特别注重故事的趣味性、教育价值等。教师语言生动、形象，增强了故事的感染力；在科学领域，教师设计与红色教育相关的科学实验，充分发挥幼儿的主观能动性，让幼儿自主探究、亲身感受、动手操作，培养幼儿勇于探索的科学精神。

二、红色故事

红色故事是以革命先辈或英雄事迹为主要题材的故事。教师引导幼儿通过听故事、讲故事、编故事，了解英雄的先进事迹，学习和继承革命先辈不怕牺牲、顽强拼搏、勇于奉献的革命精神，培养幼儿爱国主义情怀，发展幼儿倾听能力、语言理解能力和表达能力，组织幼儿开展"红色故事会""红色小剧场"等活动，请爷爷、奶奶等长辈录制或到现场讲述红色故事。适合幼儿听的红色故事有很多，如《闪闪的红星》《小兵张嘎》《鸡毛信》《小萝卜头》《小英雄王二小》《刘胡兰》《小英雄雨来》《倔强的小红军》等。此外，教师还将班级的一角布置成"红色故事会""红色小剧场"的教育环境，供幼儿讲述红色故事。教师还引导幼儿采访身边的老红军、老一代革命家，了解幼儿园周边建筑的红色历史或家人军功章背后的故事。

三、红色歌曲

红色歌曲是歌颂党的光辉革命历程和伟大祖国的歌曲。歌曲饱含着革命的理想和信念，展现了革命者的勇气和智慧，是革命精神和力量的源泉。教师带领幼儿学唱曲调高昂、催人奋进的红色歌曲，不仅能让幼儿获得感官上的享受，愉悦身心，而且能让幼儿从中汲取革命精神的力量，受到感化和教育，在他们心底播下红色基因的种子，传承和弘扬红色文化和红色精神。适合幼儿学唱的红色歌曲有《红星照我去战斗》《我爱北京天安门》《祖国祖国多美丽》等。

四、红色情景剧

教师在引导幼儿大量阅读红色故事的基础上，带领幼儿结合红色故事内容和情节，创编红色情景剧的剧本，制作相关的场景和道具，为红色情景剧表演做好准备。教师引导幼儿结合不同的表情和肢体动作表现，用不同的语气说台词，进行红色情景剧表演，最终表现自己对红色故事的理解和感受，扩大对红色故事的宣传，让更多的人了解这些红色故事，提升幼儿语言表达能力和动作的表现力。

五、红色教育基地

幼儿园借助本地红色教育基地，如烈士陵园、革命历史遗址、革命家故居、军事博物馆、抗日战争纪念馆等，组织幼儿进行参观、瞻仰、纪念活动，通过"红色之旅"走走看看、听听转转，了解更多革命历史和老一辈革命家的光辉事迹，还原真实的历史，懂得正是革命先辈们抛头颅、洒热血、舍小家、为大家，才换来了我们今天的和平生活，萌生对革命先辈的敬仰和爱戴之情，感恩今天的幸福生活来之不易。教师组织幼儿以家庭为单位，通过亲子共游活动走进红色文化场馆，让家长充当"讲解员"，与幼儿一起参观、游览，感受红色文化历史、祖国的富强和现在的幸福生活，通过这种"红色之旅"的教育形式，让幼儿亲身经历和感受，获得相关的体验。

六、红色电影

教师组织幼儿观看红色电影，引导幼儿了解不同历史时期小英雄的光荣事迹，感受他们机智勇敢、顽强不屈的意志品质，引起情感上的共鸣及向英雄人物学习的动力，了解那段充满硝烟与战火的历史，深切感受革命者的情怀，在幼儿的心底埋下一颗热爱祖国、勇于奋斗、无私奉献的红心苗。教师通过观影后的谈话活动，引导幼儿回忆电影的主要情节，激发幼儿说出自己的内心感受，提高其语言表达能力和感受力。

七、红色节日

中国共产党诞生纪念日、"九·一八"事变纪念日、十一国庆节、中国人民抗日战争胜利纪念日、烈士纪念日等都是典型的红色文化纪念日。幼儿园将这些纪念日与教育活动相结合，巧妙地融入红色教育资源，开展相应的教育、教学活动，营造一种浓厚的红色文化氛围。幼儿园根据各年龄班幼儿的认知特点，确定恰当的红色教育目标，选择适合幼儿理解的红色教育内容，以幼儿园文艺节、国庆节等重大节日为红色教育的契机，结合本地红色资源，运用参观活动、户外实践活动、红色情景剧表演、观看红色电影活动、举办红色主题绘画作品展等多样化的活动形式，增强幼儿关于红色文化的情感体验和感受。如举办幼儿园红色主题运动会、"童心向党迎国庆"等大型活动，发挥家园共育的优势，引导家长为幼儿准备军装等道具，排练红色主题的情景剧，或以"我爱北京天安门"为主题开展打卡实践活动，了解天安门广场有什么，表达对毛主席和人民英雄的敬仰之情等。

八、红色教育活动玩教具制作

手工制作包括剪纸、泥塑、折纸、黏土制作、拼贴画等多种形式。教师将革命传统故事中的人物、场景等，以手工作品的形式呈现出来，借此表达对祖国的热爱、对革命英雄和先辈的崇敬之情。如引导幼儿用剪纸的方式呈现出红色五角星、英雄人物雷锋、淮海战役中的"小推车"等；用折纸的方式折出军帽、军服、军舰、飞机等；用泥塑的方式捏出英雄人物形象；用编织的方式编出红军战士穿的草鞋；用拼贴的方式制作象征革命精神的红梅花、杜鹃花等。红色教育活动玩教具是幼儿园教师根据活动需要，利用废旧物品制作的、能够满足幼儿游戏需要的教具，让幼儿在游戏操作中提升与发展多种能力，起到加深红色主题印象，促进幼儿对红色历史的认知、对红色人物的了解，产生对革命先辈的敬仰之情。教师在幼儿玩游戏的过程中进行观察与分析，根据幼儿的兴趣、问题和困惑，不断改进制作方法与玩法，引导幼儿自主解决问题，提高幼儿的动手能力和语言表达能力。

（本章作者：倪彦鹏、许丽娜）

第五章　红色教育活动的设计原则与方法

一、红色教育活动目标设计原则

幼儿园的教育活动目标应结合《纲要》《指南》《评估指南》中对幼儿的目标要求来设计，在幼儿已有发展水平的基础上，让幼儿获得新的发展。因此，活动目标制订得是否适宜、是否符合幼儿年龄特点和发展需要、是否接近幼儿最近发展区，这些不仅是所有幼儿教学活动的要求，也是红色教育活动的基本要求。同时，红色教育活动的活动目标又有其特点，它从知识、技能、情感三方面入手，以幼儿为主体，让幼儿了解并掌握一些红色文化的基本知识，如革命历史、革命传统知识等，还包括幼儿对红色教育内容的体验和感知，传承和弘扬红色精神，树立不怕困难、自力更生、艰苦奋斗的意志品质，激发幼儿形成民族自信心和国家自豪感，萌生爱祖国、爱家乡的美好情感。

1. 突出主体性

红色教育活动以幼儿为主体，从幼儿的角度描述发展目标，活动目标符合幼儿年龄特点，高于幼儿现有发展水平，不超出幼儿能接受的经验与水平。如小班注重体验和感知红色教育内容；中班注重了解和掌握红色教育内容，通过动手操作、观察记录、探究验证等方式获得相关知识、技能和经验；大班注重合作和创新，引导幼儿用一定的方式创造性地表现红色教育内容，继承优良的革命传统，养成良好的行为习惯。

2. 目标适宜性

红色教育活动目标切忌过大、过空、过虚、过难、过多、过易的现象。教师应注重观察幼儿的兴趣点和已有经验，精准把握幼儿的认知规律、年龄特点、学习方式和发展需求，紧密结合红色教育内容选材，活动目标设定以达到或接近幼儿最近发展区为准。教师也可以根据本班幼儿实际情况，在教学活动中适当调整活动目标，以期达到最佳的教学效果。

3. 体现层次性

幼儿园开展红色教育活动是一个持续的、系统的、全面的教学过程，应从上到下分级设置教育活动的总目标、学期目标、月目标、周目标及活动目标，条理清晰、内容全面、形式多样，从整体上促进幼儿知、情、意、行的全面发展，起到启蒙和奠基的作用。有些红色教育活动目标过多、过大，不能通过一次教学活动完成，可以分为两次或多次完成，如先积累前期经验，再深入探究，通过分解目标完成教学活动，达到预设的目标及教学效果。活动目标分为小班、中班、大班，针对不同年龄段幼儿有选择地制订适合幼儿发展的目标。对于同一年龄段幼儿，也要充分考虑幼儿的个体差异，最大限度地让每个幼儿都能感知、体验、了解、掌握相关的红色教育活动内容。

4. 关注发展性

幼儿园红色教育活动在目标的制订上，一定要符合维果斯基的"最近发展区"理论，要高于幼儿现有水平，是幼儿通过学习能够达到的，使幼儿有信心、有能力通过教育活动获得相关的知识、经验和技能等。教师既要关注幼儿当前发展目标，又要培养幼儿长远发展应具备的良好情感、行为习惯、道德品质、学习品质等，为今后的学习和生活打下良好的基础。

二、红色教育活动内容设计原则

一次红色教育活动如果选材适宜，相当于活动就成功了一半。可见，选材非常重要，直接影响着幼儿园红色教育活动能否顺利开展。因此，红色教育活动的内容既要注重红色文化的传承与弘扬，还要适合幼儿年龄特点，满足幼儿兴趣和发展的需要。

1. 适宜性原则

红色教育活动内容丰富，形式多种多样，思想内容有深度，并不是所有的内容都适合幼儿，有的内容较为复杂、抽象，且意义深远，而幼儿的生活阅历、社会经验相对不足，还不具备这方面的理解能力。因此，教师要深入学习红色教育内容，在反复挖掘、分析、研究、探讨的基础上，明确选材的教育价值和教育功能，选择贴近幼儿生活、符合幼儿年龄特点和学习方式、不脱离幼儿已有生活经验和认知水平、幼儿能够接受和理解的内容，有效利用选材，充分发挥选材的作用。

2. 兴趣性原则

教师应从幼儿感兴趣的点入手，深入挖掘红色教育内容给幼儿带来的教育价值。只有教学活动符合幼儿兴趣，才能激发幼儿积极、主动地探究，让幼儿通过活动掌握与红色教育有关的知识与经验，实现教学目标，完成教学任务。

3. 互动性原则

鉴于幼儿园开展红色教育活动的现状和不足之处，活动内容在设计上应突出互动性原则，减少说教式、灌输式的活动方式。《指南》在幼儿学习方式方面指出："幼儿的学习是以直接经验为基础，在游戏和日常生活中进行的。""最大限度地支持和满足幼儿通过直接感知、实际操作和亲身体验获取经验的需要。"教师应关注幼儿是活动的主体，尝试从幼儿的视角出发，进行有效互动，增加幼儿与同伴、教师互动提问、互动游戏的环节，如谈话、讨论、交流、合作等，提高互动的质量，引导幼儿进行梳理与总结，从而掌握新知识和新方法，获得新经验和新技能，提升幼儿的发展水平。

4. 整合性原则

一般来说，红色教育内容以德育为主。因此，教师应该从德育入手，结合五大领域的教学特点，合理地、自然地整合红色教育资源与内容，如红色故事、红色诗歌、红色歌曲、红色情景剧、红色电影等，将这些家喻户晓的红色资源创造性地利用和设计，选择适合幼儿年龄特点的红色教育内容。同时，充分利用红色文物、红色遗址、红色纪念馆、红色纪念碑等，通过参观、体验、操作，让幼儿身临其境地感受红色文化和红色精神，真正地理解这些内容并内化于心，形成优良的革命作风和良好的意志品质，并能学以致用，应用于学习、生活中。同时，教师还要创造性地整合好有关红色教育的资源，包括教学资源、园所资源、家长资源、社会资源等，确保幼儿园红色教育活动的顺利开展。

三、红色教育活动过程设计原则

1. 突破重、难点原则

红色教育活动的教育内容离幼儿生活较远，幼儿缺乏相关的经验，不容易理解。因此，在活动环节的设计上，需要先行铺垫，引导幼儿积累前期经验，再进行体验性游戏或动手操作、探究等，为幼儿突破教学难点、掌握教学重点提供真实、有效的解决方法。对于红色教育活动中的教学难点，教师要结合本班幼儿实际情况，将其由易到难地分解为几个层次，引导幼儿逐个击破，便于幼儿学习和掌握。

2. 过程游戏化原则

开展红色教育活动要避免空洞、枯燥的说教和灌输，可以结合幼儿喜欢参与游戏的学习特点，设计有趣的游戏环节，使幼儿通过各种游戏获得发展，轻松实现教学目标。

四、红色教育活动组织与实施原则

红色教育活动在具体的组织与实施过程中，还会出现这样或那样的问题，出现这种情况的原因有很多，有可能是教师对本班幼儿年龄特点和学习方式把握得不是很准确，也有可能是师幼互动得不够有效，也有可能是教师对活动重点如何引导、难点如何突破的方法不明确。总之，在开展红色教育活动的过程中，还要注意把握好以下几个方面的原则，才能更好地实现教学目标。

1. 活动形式多样化

由于红色教育活动内容丰富，形式多样，可以安排在不同的活动中来完成教育、教学任务，如集体教学活动、区域活动、生活活动、户外活动等。如属于集体教学活动的内容要符合本班大多数幼儿的原有认知经验、学习和发展水平，通过教学活动促进大多数幼儿的发展。不适合集体教学活动的内容，可以安排在其他环节完成。如体验编织草鞋的活动，幼儿需要花费一定的时间自主探究、动手操作完成。教师可以把相关的活动材料投放到美工区，让幼儿通过区域活动完成操作，在分享环节梳理、总结、提升经验，并探索不同形式的编织方式。

2. 有效互动与沟通

教师在开展红色教育活动的过程中，要及时关注幼儿在活动中的表现和反应，敏锐地觉察他们的需求，及时以适当的方式回应幼儿，形成合作探究式的师幼互动。提问是师幼互动的主要方式之一。教师如何清楚地提问幼儿，才能让幼儿明白和了解教师的意图，主动表达自己的想法、意见和要求，获得成功的体验？这是每一个教师在教学过程中需要认真思考、细致观察并及时做出反应的。如教师开展"一封鸡毛信"的语言活动，通过讲述故事向幼儿提问、互动，让幼儿了解了鸡毛信的重要意义，在接下来"制作一封鸡毛信"的环节中，教师应该进一步引导幼儿把自己认为重要的事情画在纸上，可以先让幼儿说一说自己的想法，再把它画下来。教师要多鼓励幼儿，不要指定某个幼儿回答，可以让几名幼儿轮流说一说，也可以让幼儿自由表达，为幼儿创造更多表达的机会。

3. 尊重幼儿个体差异

教师在组织与实施红色教育活动时，要充分考虑幼儿的个体差异，针对每个幼儿遇到的问题，及时关注并提供相应的支持与帮助。有的幼儿能力强，可以让他们多承担一些挑战性的任务；有的幼儿能力弱，可以适当降低任务难度，引导他们完成任务，获得自信和成功的体验，为他们进一步尝试提供机会和可能。

4. 重视幼儿已有经验

经验是幼儿学习的基础，是幼儿理解其他事物的前提。《指南》中明确指出幼儿在每个领域的关键经验。同时，强调教师在课程实施的过程中，应注重幼儿经验的获得，充分调动幼儿的学习兴趣和探究欲望。因此，教师要将红色文化融入幼儿生活，并与幼儿经验相契合，潜移默化地影响幼儿的行为习惯和思想感情，让幼儿主动体验红色文化、吸收并内化红色精神。

5. 整合课程设计理念

教师要综合运用多种形式，以整合的教育理念设计幼儿园红色教育课程，就是将幼儿的集体活动、小组活动、个别活动等多种教育形式与教育方法有机整合，根据活动的目标、内容及幼儿发展需要等，挖掘具体的红色文化资源，引导幼儿学习与体验红色文化的内容。教师在组织和实施红色教育活动的过程中，要重视五大领域之间的渗透，将教学、游戏、休息、日常生活有机整合，最终促进幼儿全面、和谐发展。

6. 适宜的学习环境

每个幼儿都是独立的个体，都有自己的思想、兴趣、爱好、创造力、表现力等。因此，在课程实施的过程中，教师应创设一个温馨、宽松、融洽的环境与氛围，尊重幼儿发展的个体差异，让幼儿感受到爱、尊重、平等、自由。幼儿学习红色文化，要让幼儿与环境对话、与材料对话，积极、主动、投入地学习与探究，才能产生良好的教学效果。良好的空间与环境是幼儿主动学习的基础条件。教师要站在幼儿的角度创设环境，为幼儿创造充满红色文化气息的环境，让幼儿与环境对话，把环境创设中的红色文化转变为自己主动学习的对象和与他人交流、学习的内容。幼儿在一个充满红色气息的环境中学习，更能激发其主动学习的欲望，有力地促进幼儿的发展。

五、红色教育活动的设计与实施方法

鉴于幼儿园的教育对象为 3～6 岁幼儿，幼儿年龄小、经验少，教师在设计与实施红色教育活动的过程中需要充分考虑是否适合幼儿，引导幼儿主动学习，以丰富幼儿多方面的经验和知识为主，让幼儿养成良好的生活、学习和行为习惯。教师应从幼儿的角度出发，思考教学方式的适宜性和有效性。

1. 直观感受法

为了丰富幼儿对红色文化的认知和了解，可以通过直观展示革命历史文物，如战争时期的生活用品等，激发幼儿参与活动的兴趣，调动幼儿探究的愿望和相关经验，引发幼儿表达自己的想法。直观感受的方式可以是多样的，如视频演示与欣赏、实物观察与对比、倾听故事与表达、情景再现表演等，具体应依据红色教育资源的特点和活动内容来选择，以适合幼儿感受和理解的内容为主。

2. 操作体验法

幼儿的经验大多通过动手操作获得。因此，在开展红色教育活动的过程中，也应尽量为幼儿提供动手操作的材料，物化目标，通过幼儿与材料的互动，让幼儿获得新经验、掌握新方法、学会新技能。如使用小磨盘磨面粉、黄豆、花生碎等，让幼儿在反复操作的过程中有所发现，不仅帮助幼儿形成新经验，还能让他们将经验迁移到日常生活中，在感性学习的基础上，逐步形成理性的思维方式。

3. 游戏渗透法

幼儿园提倡用幼儿感兴趣的方式来组织活动。幼儿的年龄特点和具体形象的思维方式决定着幼儿是以游戏为主的一种学习方式。因此，教师应深入挖掘红色文化的内容，设计适合幼儿参与的游戏形式，将红色教育渗透到游戏中，借此丰富幼儿的情感体验，如设计"红军爬雪山、过草地"情景的体育游戏，让幼儿体验红军当年行军打仗条件艰苦、困难重重，感受他们不怕牺牲、排除万难完成各项任务及在战斗中英勇、顽强的革命精神。

4. 环境熏陶法

教师应结合幼儿园工作实际，每学期创设具有红色教育主题的环境，引导幼儿进行沉浸式体验，突出环境创设的儿童性、互动性。如在创设"我是小小坦克兵"的主题墙饰中，墙上贴有幼儿设计的大坦克图纸、班里的展台上有大型纸质坦克模型、科学区有不同型号的微缩坦克玩具……对幼儿进行红色文化的熏陶，让其产生身临其境之感。再如，将教室布置成小小军营，让幼儿了解军营文化和生活，通过这些吸引、感染幼儿，让他们从小对军营文化产生认同感，树立长大成为解放军的理想，学习军人的气质和作风。环境对幼儿起着潜移默化的隐性教育作用。教师通过打造红色教育环境，将红色文化融入幼儿的学习与生活，让红色的种子在幼儿心底生根、发芽，继而发扬光大。

5. 难点分解法

教师在设计教学活动目标时，可以结合本班幼儿的最近发展区，设计一些具有一定难度的挑战性目标，再将目标中的难点进行分解，分为几个小目标，循序渐进地推进，让幼儿各个击破，最终实现教学目标。教师也可以将难点前置，在开展本次活动之前就提前解决难点问题，还可以将难点分为几个层次，由易到难，形成阶梯状，便于幼儿学习与掌握。总之，为了更好地达到教学效果，教师可以分解红色教育活动中的难点，设计教学活动目标时，切忌求全、求多、求大，要多考虑本班幼儿的实际情况，有针对性地进行设计。

6. 互动引导法

教师在开展红色教育活动的过程中，要用适当的语言启发和提示幼儿与同伴互动、与教师互动、与材料互动，通过多方互动，如谈话、问答、讨论、合作、操作等形式，帮助幼儿发现事物间的联系和事物发展的规律，不断梳理、总结和提升经验，从而获得一手的知识、信息和经验。

总之，不论教师采用哪种教学方法，都要依据幼儿的年龄特点、学习特点和发展现状，符合幼儿发展规律，灵活地加以运用。

（本章作者：倪彦鹏）

第六章 红色教育活动的教学策略

一、环境熏陶法

环境教育属于隐性教育。好的幼儿园教学环境能够为红色文化教育活动的开展提供相应的场地与材料。红色文化精神是幼儿园文化创建的核心内容。教师可以结合班级的红色教育主题及班级不同区域的创设，充分体现红色文化元素，让幼儿在学习过程中受到潜移默化的熏陶，加强对红色文化的认同感。如在幼儿园走廊或墙壁上张贴革命英雄人物形象，将红色故事的宣传画张贴在宣传栏或文化墙上，通过对幼儿园环境的布置增强红色文化教育氛围，让幼儿更容易接受红色文化教育内容，为幼儿构建良好的学习环境，使幼儿全方位地接受系统化的红色文化教育，获得相应的知识与经验。

二、直观感受法

红色教育资源中有很多历史文物、照片、影像资料等。这些资料记录着那段艰苦的岁月，承载着红色文化的内涵。教师可以带领幼儿参观，充分利用这些材料，激发幼儿参与活动的兴趣，调动幼儿已有经验，通过演示与欣赏、实物观察与分析、倾听与表达等方式，让幼儿直观感受与体验，帮助幼儿了解"这些是什么""可以做什么"，为后续的探究活动做准备，获得相关的知识与直接经验。

三、观察记录法

红色教育资源中有关社会主义建设时期的内容主要体现了无数的建设者为了祖国的繁荣与富强、民族的振兴与发展立足岗位、无私奉献的精神，如雷锋精神、铁人精神、工匠精神等。教师可以收集这一历史时期的人物与事迹图片，挖掘适合幼儿了解的教育内容，真正让幼儿体会这些建设者们的丰功伟绩，了解他们的所作所为，通过观察、记录等方式亲身体验、感受他们的艰苦付出，获得真正意义上的教育体验，用知行合一的方式，让幼儿践行红色精神，深刻体会红色文化。

四、操作体验法

幼儿受年龄特点和学习特点的限制，其思维方式以具体形象思维为主，学习的过程也是通过直接感知、实际操作和亲自体验积累相关知识与经验。因此，教师在设计红色教育活动的过程中，应结合幼儿的兴趣点和关注点，注重体验式教学，依据红色教育内容创设一定的情景，提供相应的材料，让幼儿在游戏中通过动手操作、真实体验获得新经验或新方法。教师应抓住幼儿生活或游戏中可以利用的一切机会，发现红色教育内容与生活事件、生活活动的联系，鼓励幼儿自主学习、动手实践，以巩固并形成良好的社会道德规范和社会行为，培养幼儿的责任感、集体荣誉感及爱国主义情怀。

五、情境引导法

一些红色教育活动的教学案例是结合战争年代设计的，活动题材离幼儿生活较远，很难引起幼儿的共鸣。因此，需要结合具体的情境，设计、制作出相应的道具，引导幼儿通过情景再现或沉浸式体验，获得丰富、直观的情感体验和感悟。在此过程中，教师还要注重提炼和再现对全班幼儿有教育价值的情境，帮助幼儿梳理、总结、提升经验，并能将这些经验很好地迁移到日常生活中或行为中，真正做到学以致用、学有所用、内化于心、外化于形，逐步调整和修正自己的言行，形成积极向上、坚强勇敢、艰苦奋斗、吃苦耐劳的优秀品质。

六、榜样示范法

模仿是幼儿最基本的学习方式。红色教育资源中涉及了许多的英雄人物。幼儿通过阅读了解这些英雄人物的故事，往往能引起心灵和情感上的共鸣，这些英雄人物也起到了榜样示范的作用。同时，在开展相应内容的教育活动时，教师可以挖掘英雄人物身上的闪光点或适合幼儿学习的内容，联系生活中的实际，找到现实生活中的榜样，通过表扬、肯定或开展"小小标兵"等活动，激励幼儿向身边的榜样学习。

七、实地观摩法

幼儿园以亲子活动的方式，引导家长带领幼儿参观老一辈革命家生活和战斗过的革命旧址或遗址、革命历史博物馆、纪念馆、纪念碑、烈士陵园等，通过实地观摩，加深幼儿对那一历史时期人们生活的印象，激发幼儿对那些为革命事业而英勇牺牲的烈士心怀感恩之情，珍惜和平年代的幸福生活。

（本章作者：倪彦鹏、许丽娜）

第七章　实施红色教育活动的途径

一、在环境创设中渗透红色教育

《纲要》指出："环境是重要的教育资源，应通过环境的创设和利用，有效地促进幼儿的发展。"因此，幼儿园紧密结合班级红色教育主题活动创设主题墙饰，如主题活动"小小国旗手"的主题墙饰分为三个板块"国旗的意义""什么场合升国旗""升国旗礼仪我知道"，通过图片和幼儿绘画作品展示，让幼儿进一步了解国旗的颜色、图案及象征的意义，知道国旗代表我们中国，懂得尊重国旗，学会升旗仪式上的基本礼仪，增强幼儿的自豪感。同时，除了班级主题墙饰外，幼儿园还利用公共区域、班级区域环境创设潜移默化地对幼儿进行红色教育，培养幼儿的民族文化自信，激发幼儿热爱祖国的情感。如在公共区域悬挂英雄人物像，可以附上相关故事音频二维码，让幼儿在听故事的过程中认识英雄人物，了解其光辉事迹，感受其舍生取义、视死如归的大无畏革命精神。在不同楼层的走廊设置不同的红色文化主题，展现"红军长征路""中国航天""我爱北京天安门""禾下乘凉梦""'一带一路'话改革"等主题，将相关地名与标志性建筑或革命历史遗迹、榜样人物等用图片或浮雕作品的形式呈现出来，让幼儿走过走廊的时候目力所及之处，处处有"红色"，时时受熏陶，记住革命先辈走过的、战斗过的每一个地方，了解新时代中国治国理政的改革大计，增强幼儿作为中国人的自豪感。

二、在五大领域中强化红色教育

教师将红色教育融入五大领域教学活动中，内容突显红色教育的方方面面，从不同的角度让幼儿了解红色文化历史的发展，激发幼儿爱国主义情怀，培养幼儿坚强、勇敢、不怕困难的革命意志品质。如在语言领域的活动中，通过讲述红色绘本故事，理解故事内容，了解英雄人物事迹，以他们为榜样，学习他们无私奉献、积极进取的精神，继承优良的革命传统。在健康领域的活动中，教师创设小小军营的环境，引导幼儿扮作解放军，开展各种军事类体育游戏，如"闯关炸碉堡""火线救援""突破封锁线"等，学习解放军不怕苦、不怕累的革命精神，勇于克服困难，争取最大的胜利。在艺术领域的音乐活动中，幼儿学唱革命歌曲，如《国旗国旗真美丽》《学习雷锋好榜样》等，引发情感上的共鸣，激发幼儿爱国主义情怀。在美术活动中，幼儿发挥想象力，绘画《我的祖国真美丽》、手工制作国旗等，在国庆节制作特别的礼物献给祖国妈妈，表达自己的爱国之情。在社会领域的活动中，教师充分利用社会资源，引导幼儿实际感受祖国文化的丰富和优秀，感受国家的发展和变化，了解我国各民族的特点和风俗习惯，激发幼儿爱祖国、爱民族、爱家乡的情感。在科学领域的活动中，教师引导幼儿了解我国科技成果的最新发展，如中国探月工程——嫦娥工程及神舟十七号载人航天工程等，感受中国人用智慧和勇气创造的航天奇迹，实现了航天梦想，增强幼儿的自豪感和归属感。

三、在升旗仪式中接受红色教育

《新时代爱国主义教育实施纲要》中提出要加强爱国主义礼仪教育。幼儿园每周一举行升旗仪式，每个幼儿都有机会在国旗下进行演讲，或作为升旗手、护旗手感受庄严与肃穆的氛围，内心怀着对国旗的尊重、对祖国的爱，完成神圣的升旗、护旗任务。幼儿园通过"小小国旗手"的演讲活动，培养幼儿站在国旗下宣讲革命传统、党史故事、国家一周要闻等，锻炼幼儿语言表达能力的同时，也让幼儿从小关心国家大事，激发其爱党、爱国、爱军、爱家的情感，接受红色教育的洗礼。

四、在游戏活动中加强红色教育

《指南》指出："理解幼儿的学习方式和特点。幼儿的学习是以直接经验为基础，在游戏和日常生活中进行的。要珍视游戏和生活的独特价值，创设丰富的教育环境。"因此，幼儿园结合幼儿的年龄特点和学习方式，将红色教育渗透到幼儿喜欢的游戏活动中。如户外活动"投弹小士兵"中，幼儿扮作投掷手榴弹的小士兵，他们跨过战壕，匍匐前进，冲破敌军封锁线，将手榴弹投入敌军阵营，通过游戏丰富了幼儿的情感体验，体现了幼儿作为小士兵英勇顽强、克服困难的革命精神，磨炼了他们的革命意志。再如，大班幼儿的智力抢答游戏"中国之最""五十六个民族""说家乡"等，让幼儿在抢答比赛的过程中，加深了对祖国、民族和家乡的了解，为自己是中国人而自豪，为家乡的发展与变化而高兴。

五、在剧目表演中传承红色教育

为了让幼儿学习并了解革命小英雄的故事，教师将红色经典绘本故事，如

《鸡毛信》《小英雄王二小》《闪闪的红星》《长征路上红小丫》等，改编成可供幼儿表演的剧本，让幼儿自制道具、挑选相关服装，通过红色剧目表演进一步了解小英雄的光辉事迹，感悟英雄人物的优秀品质，重温红色经典，让红色的种子在幼儿心中生根、发芽，在潜移默化中受到红色文化的熏陶，继承和发扬红色传统，传承红色基因。

六、在区域活动中体验红色教育

区域活动是幼儿园主要的教育形式之一。教师在区域活动中，结合红色教育资源，创设适合不同年龄班的红色教育区域活动，让幼儿在活动中了解红色文化知识、理解红色文化内涵、培育红色文化精神。如美工区"红色的中国梦"，将"中国梦"具化为"工业现代化梦""农业现代化梦""体育强国梦""中国航天梦""中国航母梦"等，引导幼儿通过查阅资料、搜索图片，发挥自己的想象力和创造力，用画笔画出自己对未来生活、科技发展的不同畅想，从小树立远大的理想和信念并为实现这一创想而努力。再如，在户外活动区创设了"小兵训练营"，为幼儿提供丰富的体育器材，引导幼儿自己设计小兵训练项目，搭建各种障碍物和游戏材料，完成不同的军事训练任务，如医务兵救伤员、侦察员侦察敌情、运输兵运送物资、工兵挖地雷、炮兵投弹、坦克手开坦克进攻等，从而达到体能锻炼的目的，体验军人日常训练的辛苦，养成不怕困难、坚强勇敢、认真专注等良好的意志品质。

七、在重大节日中感受红色教育

幼儿园会结合传统节日、社会性节日等重大节日或特定纪念日（如中国共产党诞生纪念日、中国人民抗日战争胜利纪念日）来宣传传统文化、红色历史、革命传统及爱国主义思想等，将红色教育与相关节日、纪念日的主题相结合，巧妙地开展红色教育节庆主题活动，通过唱红歌、讲故事、诗朗诵、表演情景剧等形式，对幼儿进行爱国主义教育。如9月3日是中国人民抗日战争胜利纪念日，幼儿园组织全园幼儿开展了"抗战胜利纪念日主题活动"，通过小小抗战英雄故事分享、手工制作武器展、抗战历史图片展、抗战歌曲比赛、"珍爱和平"绘画作品展等系列活动，引导幼儿了解抗战历史及英雄人物故事，了解中国人民艰苦卓绝、顽强抵抗日本帝国主义的侵略、最终取得伟大胜利的光荣历史，以及中国人民不怕牺牲、前赴后继、英勇战斗的爱国主义精神，对幼儿进行重温历史、勿忘国耻、珍惜和平、振兴中华的爱国主义教育和民族精神教育，增强幼儿爱祖国的情感和民族自尊心、自信心，懂得珍惜和平时期的美好生活，热爱我们伟大的祖国。

八、在社会实践中感悟红色教育

幼儿园借助家长资源、社区资源、园所周边地域资源等对幼儿进行红色教育。如开展"红色家书"活动，让家长给幼儿写一封红色家书，讲述家族成员中的革命故事或家乡的英雄人物故事，让幼儿了解祖辈与父辈为了革命、为了国家的建设艰苦奋斗、无私奉献，才有了今天的幸福生活，要懂得珍惜，要学会感恩，从小树立远大的理想和信念，为祖国的繁荣昌盛而努力学习本领。幼儿园邀请军人爷爷给小朋友们讲述革命故事，带领幼儿参观中国人民抗日战争纪念馆、中国革命历史博物馆等，去红色教育基地接受革命教育。如清明节，幼儿园组织幼儿为英雄烈士制作花环、小白花等，前往烈士陵园，缅怀和祭奠革命烈士；国庆节期间，开展参观天安门的亲子活动，引导幼儿了解人民英雄及毛主席的故事，铭记革命历史，珍惜现在和平与幸福的生活，长大后愿意报效祖国，为祖国的富强与美好而努力奋斗。

九、在大型活动中开展红色教育

幼儿园在中国共产党诞生纪念日、八一建军节、十一国庆节等纪念日或节日组织全体幼儿及教师开展园级大型主题活动，以红色文化为主题，通过红色歌舞表演、传唱红歌、讲述红色故事、朗诵红色诗歌、表演红色情景剧等多种形式，师幼同台演出，共同感受红色经典文化和革命传统的内涵，弘扬红色精神，传承红色基因。如开展"红色观影周"的主题活动，引导幼儿一周之内每天看一部红色经典电影，如《闪闪的红星》《小兵张嘎》《鸡毛信》《两个小八路》《红孩子》等，引导幼儿学习主人公的优秀品质，让幼儿在观影的过程中接受红色教育及红色精神的洗礼，使红色成为他们的人生底色，帮助他们从小树立正确的人生观、世界观和价值观，感恩革命先烈舍己为人、不怕牺牲的革命精神，懂得珍惜现在的幸福生活。再如，幼儿园会在中秋节、国庆节、端午节等特殊的节日开展"童心向党"的大型主题活动，孩子们通过不同的活动形式参与其中，认识英雄与榜样，感受祖国的强大与繁华，了解中国共产党的发展历史等，将红色的种子根植在幼儿心中。

（本章作者：倪彦鹏、恒迪）

第八章　红色教育主题活动案例

主题活动一：我是勇敢小士兵（小班）

作者：北京市东城区春江幼儿园　赵　月

扫码看彩图 8-1-1

一天早上，皮蛋满心欢喜地从家里带来了一套超级帅气的小军装。他对我说："老师，你看我的小军装好看吗？我在家还学了小小兵的舞蹈呢！"早餐后，皮蛋立刻穿上小军装，兴奋地站在小伙伴们面前，热情洋溢地给大家展示了一支充满活力与激情的小小兵舞蹈。他一只小手敬礼，另一只小手摆臂，随着音乐的节奏欢快地舞动着，每个动作都充满了力量感和节奏感，仿佛真的化身为一名英勇无敌的小士兵，那精神、帅气的模样一下子就把大家的目光都吸引住了。

（一）我是小士兵

小朋友们立刻兴奋地围了过来。

十一：哇，这个小军装好酷呀！我也想穿。

皮皮：太像小军人了！能给我穿穿吗？我也想跳小小兵的舞蹈。

灿灿：我也要！我也要！

于是，大家轮流穿上小军装，开始自发地体验小军人的角色。十一努力地模仿着皮蛋的动作（图 8-1-1），边做边说："我也要像皮蛋一样做得那么棒！"皮皮则和旁边的小伙伴讨论着怎样把动作做得更标准。灿灿还自己创编了一些新动作，引得其他小伙伴哈哈大笑。在这个过程中，孩子们尽情地享受着自主扮演小军人的乐趣（图 8-1-2）。这套小军装就像是一把开启幼儿探索和学习之门的钥匙，为他们带来了无尽的欢乐和收获。

当当：我们来玩个游戏吧！

皮皮：玩什么游戏呢？

当当：我们来学一学小军人怎么样？我去天安门参观的时候，看见军人叔叔在站岗，他一动不动的。我们也来比一比。

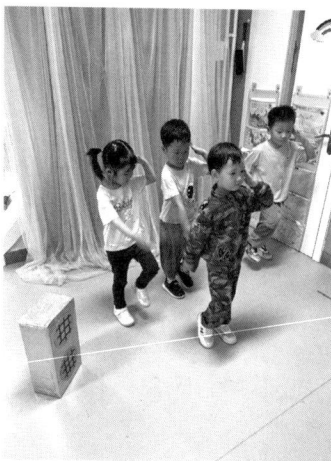

图 8 - 1 - 1

图 8 - 1 - 2

其他幼儿纷纷表示赞同。于是，孩子们玩起了"小士兵木头人"的游戏。

灿灿：我们要先动起来，然后，有个人喊"停"，大家就停下来，保持静止，不能动。

十一：老师，你能来帮我们喊"停"吗？

我欣然点头同意。当我第一次喊"停"时，他们都迅速停下，有的幼儿努力憋着笑，保持不动。灿灿没有坚持住，笑出了声音。其他的小朋友也跟着哈哈大笑起来（图 8 - 1 - 3）。

经过几轮游戏，孩子们对游戏规则越来越熟悉，玩得不亦乐乎。游戏也吸引了更多的幼儿参与。

妞妞：我们要认真听老师喊。

灿灿：还要快快地定住，不能乱动，不能笑。

他们玩得满头大汗，依旧兴致勃勃。他们在游戏中自主探索着各种能保持定住不动的技巧和方法，欢笑声在整个教室回荡。就这样，孩子们在这个新游戏中感受着欢乐，不断地成长和进步。

图 8 - 1 - 3

❤ 教师反思

幼儿在"我是小士兵"的游戏里充分展现了对角色扮演的热爱和对士兵精

神的初步理解，他们的模仿能力和创意让人惊喜。而"小士兵木头人"的游戏则进一步培养了幼儿的规则意识和反应能力，看到他们积极、自主地探索着游戏的新玩法，相互交流、协商、合作，我深感欣慰。反思中，我意识到应给予幼儿更多自主的空间，让他们能更深入地体验和感悟。同时，可以结合更多的军人元素丰富游戏内容，激发幼儿的兴趣和潜能，让他们在快乐游戏中获得更全面的发展。

（二）小士兵的轮胎战

近期，孩子们都对扮演小士兵的角色游戏特别感兴趣。户外活动时间到了。我们一起来到了操场，准备开展户外游戏。

我：小士兵们，今天，你们想玩什么有趣的游戏呢？

小远：老师！那个小哥哥玩的轮胎，我们能玩吗？

我们顺着小远手指的方向看到中班小朋友在玩轮胎游戏。听到小远的提议，其他幼儿也纷纷响应。

六月：轮胎，我还没玩过呢！轮胎怎么玩啊？

我：当然可以玩啦！你们可以先试一试，看看能不能想出有趣的玩法。

孩子们一听，小眼睛里立刻闪烁着兴奋的光芒，满是好奇和期待。他们纷纷去拿轮胎，有的滚轮胎，有的坐在轮胎里，有的推着轮胎跑（图 8 - 1 - 4）……桃子把 4 个轮胎摞在了一起（图 8 - 1 - 5）。

图 8 - 1 - 4　　　　　　　　　　图 8 - 1 - 5

小远：你在干嘛呀？

桃子：我要搭一个堡垒，和坏人打仗。

小远：我也想打坏人。我能和你一起玩吗？

六月：好呀！我们要像真正的小士兵一样勇敢战斗！

我：那你们想怎么利用这些轮胎进行战斗呢？

桃子：我想用轮胎搭建一个大大的堡垒，这样我们就可以躲在堡垒的后面，不被敌人发现。

妞妞：还可以让轮胎滚动起来，就像炮弹一样，冲向敌人！

其他幼儿也纷纷说着自己的想法，有的说可以在轮胎上跳来跳去，躲避攻击；有的说可以把轮胎摞起来，当瞭望塔。孩子们七嘴八舌地讨论完后，就迫不及待地投入轮胎的游戏中。他们开始兴奋地搬运轮胎。米乐费力地推着一个大轮胎，嘴里还喊着："嗨哟！嗨哟！我要把这个轮胎搬到堡垒那边去。"当当和小伙伴们一起合作，把几个轮胎摞了起来。他开心地说："看，我们的瞭望塔搭好啦！"这边，一群孩子把轮胎滚得飞快，就像真的在战场上运送炮弹（图 8-1-6）。

游戏过程中，孩子们就像真正的小士兵一样，用勇气和智慧不断探索着轮胎的各种玩法。他们时而欢笑，时而惊呼，尽情享受着这场独特的"战斗"给他们带来的快乐和挑战。我则在一旁欣慰地看着他们，为他们的自主探究和勇敢表现感到骄傲。就这样，孩子们在轮胎游戏中度过了一段有趣的时光。

图 8-1-6

♥ 教师反思

轮胎一直在操场边上摆着。由于小班幼儿游戏经验没有那么丰富，因此，轮胎一直被"冷落"。今天，孩子们与轮胎的偶然"相遇"，激起了他们探究轮胎游戏的欲望。他们对小远提出的轮胎游戏表现出浓厚的兴趣，这说明他们热衷于此类新奇且具有挑战性的游戏。大部分幼儿对于轮胎的玩法还处于初步探索阶段。当桃子提出了一个大胆的想法时，其他幼儿也能积极思考、模仿、尝试，想出轮胎的不同玩法，如搭建轮胎堡垒、用轮胎当炮弹等。这些都充分展现了孩子们丰富的想象力和创造力，也体现了他们强大的自主探究能力，更让我坚定了相信儿童的想法。他们像小士兵一样勇敢地面对困难和挑战，大胆尝试，这种表现让我感到欣慰。这次游戏后，我也要继续满足幼儿的游戏兴趣，给予他们更多自主探索的机会，为他们提供适合的材料，鼓励他们创新思维，支持他们深入开展游戏。

（三）小士兵大挑战

伴随着小士兵主题活动的开展，幼儿的兴趣也日渐高涨。我们一起观看了关于小士兵的各种故事视频。他们对爬雪山、过草地和地道战的情景特别感兴趣。于是，一场别开生面的"小士兵大挑战"活动开始了。

在全体幼儿和教师的共同努力下，我们模拟创设了"小士兵大挑战"户外游戏场景。孩子们用拱形门和迷彩斗篷做了一条长长的"地道"，仿佛真的置身于地道战中。

奇奇：怎样才能钻得特别快呢？

米乐：要像小虫子一样手膝着地爬。

桃子：眼睛得看着前面，手也得使劲儿。

然而，在实际游戏中，有些幼儿因为心急导致钻爬得不够顺畅。我也加入游戏，利用平行游戏的方式引导他们适当放慢速度，并强调正确的手膝爬动作。孩子们通过不断尝试与调整，逐渐掌握了手膝爬的动作要领，都顺利地钻过了"小地道"（图8-1-7）。

芯芯：我们去打仗，还需要炮弹。

皮蛋：去哪儿找炮弹啊？

贻然：用石头，行吗？

皮蛋：那可不行，会砸破脑袋的。

正当孩子们一筹莫展的时候，芯芯看到了正在玩沙包的大班哥哥、姐姐们。

芯芯：我们用沙包当炸弹吧！

皮蛋：那我们怎么运炸弹啊？

贻然：你看我，我把炸弹顶在头上了。

芯芯：我们直接把筐端过去不就行了！

图8-1-7

皮蛋：那么多，咱们也拿不动啊！我还是和贻然一样吧！

经过一番讨论，孩子们积极思考并实践着，有的用手拿着炮弹，有的用下巴夹着炮弹，有的用后背驮着炮弹，还有的用双脚夹着炮弹……各种新奇的办法都冒了出来（图8-1-8）。孩子们确定好运送炮弹的方式后，开始自主创设游戏情境。"我们快来搭建雪山和草地吧！"他们七嘴八舌地讨论着："把这个地垫放在这里吧！""不对，不对，应该放那边！"他们利用地垫、拱形门、锥形筒、轮胎、沙包等材料，搭建了一个雪山与草地的游戏场地（图8-1-9）。

图 8-1-8

图 8-1-9

教师反思

孩子们对"小士兵大挑战"的游戏表现出浓厚的兴趣，在钻地道、爬雪山、过草地的比赛中积极思考与探索。游戏中，他们遇到了很多问题，如动作不规范、运炸弹总是掉落等。看来，这些运动类的技能、技巧还需要教师进行相应的指导。因此，我以游戏者的身份介入，通过示范的方式引导幼儿模仿学习。孩子们在之前轮胎游戏经验的基础上，自主创设了更加丰富的游戏情境，虽然过程中有争执，但能够通过协商解决问题。孩子们喜欢挑战与自主创造，后续我会继续为他们提供多样的户外挑战材料，如安吉积木、爬网等，激发幼儿游戏兴趣的同时，培养他们积极思考、尝试解决问题的能力。

(四) 小士兵趣味新体验

今天是星期一。奇奇带来了一张周末他在游乐园玩的照片，分享给大家。

奇奇：看，我昨天去游乐园了。这个网子很高，我经过努力还是爬上去了。

当当：哇，你真厉害！

钥钥：我也去游乐园玩过爬网！我也能爬上去。

鹤鹤：我也玩过，我都不害怕！

我：你们都好厉害啊！你们都在哪儿玩过往上爬的游戏呀？

灿灿：我在游乐场玩过！

小远：我在家里的沙发上也爬过呢！

妞妞：我在小区的健身器材那里爬过！

十一：还有幼儿园呀！我在幼儿园组合滑梯那里也爬过！

小班幼儿经常玩地面爬行的游戏，但是向上爬行的游戏，因为担心安全问题开展得较少。听了孩子们的话后，我在家长微信群里征集了幼儿曾经玩攀爬类游戏的照片。同时，还鼓励他们在周末去寻找各种新的攀爬游戏场所。周一来园后，孩子们都兴奋地讲述着他们的新发现。

芯芯：我在公园里发现有个小土坡可以爬！

桃子：我发现攀岩馆有很高的攀爬墙，可以攀爬。

鹤鹤：咱们幼儿园也有好多可以爬的地方。

于是，在幼儿园里，我带着孩子们一起寻找攀爬器材。那些攀爬架、大滑梯网、轮胎桥等，很快就被孩子们找到了（图8-1-10）。在挑战游戏的过程中，我通过观察发现孩子们在攀爬过程中遇到的问题，帮助他们学会了正确的攀爬方法，同时，和幼儿一起讨论攀爬过程中的注意事项。看着他们在攀爬过程中不断进步，身体的协调能力也越来越好，手臂和腿部的力量也明显增强了，我特别欣慰。随着幼儿能力的增强，一场攀爬比赛开始了（图8-1-11）。

当当：哇，我们要比赛啦！

皮蛋：我一定爬得快快的！

妞妞：加油！加油！

比赛过程中，他们互相加油、鼓劲儿，每个幼儿都努力发挥自己的最佳水平。有的幼儿动作敏捷，迅速爬上攀爬架；有的幼儿虽然速度慢一些，但非常认真、努力（图8-1-12）。比赛结束后，孩子们还意犹未尽，议论着自己刚才的表现，分享着攀爬的心得和体会。

图8-1-10   图8-1-11   图8-1-12

十一：我觉得我这次爬得好棒呀！爬得特别高！

奇奇：我下次要再快一点儿！

米乐：哈哈，真好玩！

游戏后，孩子们围坐在一起聊天。

米粒：红军叔叔们真厉害！那么难走的路都能走过去，还能打敌人。

当当：我妈妈说军人叔叔的被子、衣服都叠得像豆腐块一样整齐。

桃子：我吃过豆腐，方方的。被子和衣服怎么能变成豆腐块呢？

钥钥：那我们的衣服和被子也能变成豆腐块吗？

钥钥的这句话引发了其他小朋友浓厚的探究兴趣。因为被子比较大，最后，经过讨论，他们决定要把衣服变成豆腐块。

户外活动回来后，孩子们都特别认真地叠着自己的小衣服。"哎呀！我这样叠，对不对呀？""看我的，我快叠好啦！"（图8-1-13）他们叠衣服的速度越来越快。当有的小朋友遇到困难时，其他的小朋友就会马上过来帮忙。"我来帮你。我们一起叠！"

"哇！我的衣服真的变成豆腐块啦！"（图8-1-14）孩子们在叠衣服的过程中充分地展现出不怕困难、坚持、互助的良好学习品质。他们通过自己的努力和同伴间的互相帮助，完成了叠衣服的挑战，真的就像军人一样，把衣服叠得特别整齐！

图8-1-13

图8-1-14

💗 教师反思

在幼儿对攀爬游戏产生浓厚兴趣时，我带领幼儿回忆攀爬经历、征集攀爬照片、实地寻找攀爬器材等，进一步拓展了幼儿对攀爬游戏的认知和兴趣，并鼓励幼儿大胆尝试那些看似比较难的攀爬游戏。在游戏中，他们表现出强烈的自主性和探索欲，还有不服输的精神。幼儿分组比赛攀爬技能时，还互相加油、鼓劲儿。游戏后，他们通过交谈自然地延伸出户外游戏后的叠衣服比赛。对此孩子们同样热情高涨且认真努力。我相信幼儿有了这次的体验，在今后每次穿脱衣服的环节，都能认真地叠放衣物。我通过本次活动看到了幼儿对新奇事物的好奇心与热情。今后，我会更加大胆地放手，让幼儿主动探索与尝试，不会因为幼儿年龄小受到限制，会为幼儿提供更多尝试的机会，幼儿也会表现出无限的可能。

主题活动二：我是中国娃（中班）

作者：北京市东城区春江幼儿园　王　笛

扫码看彩图 8-2-1

　　中国是班里每个小朋友的国籍，也是幼儿从小生活和成长的地方。每个小朋友都是中国娃。自古中国娃就有很多聪明、勇敢的故事，如《孔融让梨》《司马光砸缸》《王二小放牛郎》《小兵张嘎》等。这些中国娃聪明、勇敢、机智、多谋。九月的开学季，幼儿园开展了红色主题系列活动"童心向党·筑梦未来"。孩子们通过观看红色电影、讲述红色故事、演唱红色歌曲等形式认识了中国，了解了中国娃的故事，并且为自己是一名中国娃而自豪。

（一）中国娃的故事（9月11日）

　　我班结合园所红色主题系列活动"童心向党·筑梦未来"开展了语言活动"红色故事我来讲"。孩子们和爸爸、妈妈一起收集了中国娃的红色故事，并在班里和同伴们分享（图8-2-1）。

　　芃芃：这个小英雄是王二小，他好厉害，面对敌人，一点儿也不害怕。

　　娜娜：你看，小红军穿的衣服都破了，鞋子还是用草编的，那时的生活可真艰苦，她可真坚强！

　　达达：这个红小丫是长征路上年龄最小的红军，她和我们一样大。她可真勇敢！有时，我和爸爸一起爬山，都感觉很累。

　　看到孩子们对红色故事如此感兴趣，教师们自制了红色教育活动玩教具，有"飞夺泸定桥"（图8-2-2）、"王牌投弹手"（图8-2-3）、"小小行军棋"（图8-2-4），引导幼儿通过游戏了解更多的红色历史。

图 8-2-1

图 8-2-2

图 8 - 2 - 3

图 8 - 2 - 4

言言：这是红军长征时走的路线。我们可以通过掷骰子决定每人走几步，从星星（瑞金）这里出发，比一比谁最先到达终点。

花花：红军要走过铁索桥，爬过雪山，穿过草地，胜利到达终点。

博旭：你看，这是飞夺泸定桥。我在电影里看过，红军要走过这个铁索桥，可真不容易！我们也要小心地走过去，千万不能让小球掉下去。

♡ 教师反思

教师通过开展绘本故事讲述活动，引导幼儿了解了中国共产党领导的红军长征的历史，感受红军战士在长征路上的艰苦和勇气，激发幼儿的爱国情怀，懂得现在的幸福生活来之不易，要珍惜。

教师设计玩教具的灵感来源于红军长征这一重要历史事件，是幼儿爱国主义教育的题材。教师通过制作玩教具，以游戏的形式让幼儿了解红色历史，锻炼幼儿手眼协调、点数、与同伴合作游戏、友好协商的能力，激励他们在面对困难时保持乐观、坚强、不屈不挠的斗争精神，学做坚强、勇敢的中国娃。

（二）中国小小兵（9月18日）

1. 音乐游戏："我是小小兵"

孩子们听了红色故事后，了解了抗战小英雄的事迹，他们对小小兵充满了兴趣，游戏时，争相模仿小军人手拿枪、吹起冲锋号的动作。

我：我们可以模仿小小兵做哪些动作呢？

浩晨：我可以向小小兵学习踏步走。看，我用力摆臂和踏步。

圆圆：我可以学小小兵敬礼。

梓恩：我可以做开枪的动作，"砰砰砰"。

我们跟随《红星闪闪》《义勇军进行曲》等红色歌曲的旋律，开展了一次音乐游戏"我是小小兵"，通过抢椅子的游戏，比一比哪个小小兵训练有素、反应灵敏。在音乐律动中，孩子们争相模仿小小兵的各种动作，边唱边游戏（图8-2-5），在歌曲中感受小小兵的神气，学习小小兵的机智和勇敢。

图8-2-5

💙 教师反思

　　教师结合本班幼儿的兴趣点和发展水平，生成了音乐游戏"我是小小兵"。在游戏中，幼儿根据音乐节奏的快慢，模仿了小小兵的各种动作。整个游戏过程中，孩子们兴趣十足，参与度很高，培养了幼儿勇敢、自信、不怕困难的良好品质。幼儿在抢椅子失败时，能积极调整自己的情绪，学习好的方法。教师及时鼓励幼儿不怕困难，争取下次游戏表现得更加出色。

　　2. 体育游戏："小小兵训练营"

　　在户外体育游戏中，孩子们利用操场上的游戏材料搭建了"小小兵训练营"的游戏场地。他们还创设了小游戏"海底小纵队"（图8-2-6）、"王牌飞行员"（图8-2-7）、"地道战"（图8-2-8）。

图8-2-6 　　　　　　　图8-2-7　　　　　　　图8-2-8

娜娜：老师，你看，我在玩"地道战"的游戏。钻进地道，就可以躲避敌人的追击。

浩晨：攀爬轮胎时，不能怕高。我通过锻炼，可以更灵活、更勇敢。

夏天：我在学习驾驶飞机。我要当一名出色的飞行员。

在小小兵训练营里，孩子们化身为海军、陆军、空军，通过游戏提升自己的运动技能。

教师反思

教师和孩子们一起讨论了哪些户外材料可以用于小兵训练的游戏项目中。教师还鼓励幼儿自选材料，搭建训练场，创设了"海底小纵队""王牌飞行员""地道战"等游戏。幼儿在游戏中锻炼了走、跑、跳、钻、爬等动作技能，学习了小兵勇敢、坚强、不怕困难的精神。

3. 健康活动："小小兵叠军被"

我：小小兵不仅要身体好，还应该掌握哪些本领呢？

清清：作为小小兵，还要好好吃饭，不能挑食。

晨晨：小小兵要能自己整理物品，自己的事情自己做。我看电视上的军人叔叔叠被子叠得可好了！

多多：我们也可以学习军人叔叔叠被子。

听了孩子们的谈话，我们为幼儿播放视频，引导幼儿学习军人叔叔叠军被的步骤和方法，还利用家园共育的方式，鼓励幼儿在家里每天起床后坚持自己叠被子、整理自己的物品（图8-2-9、图8-2-10）。

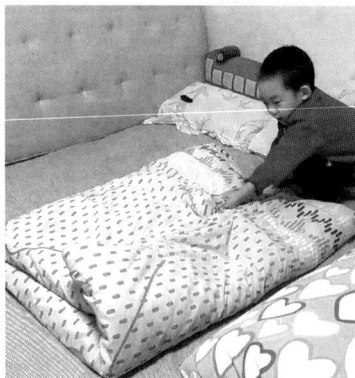
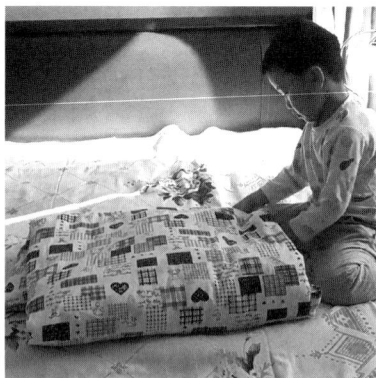

图8-2-9　　　　　　　　　　　图8-2-10

教师反思

我们班在一日活动中开展了园所创设的"五子登科"的活动，包括理面子、擦桌子、系带子、叠被子、复位子。在整理活动中，锻炼幼儿的动手能力及逻辑思维能力，培养幼儿做事不拖拉的好习惯。在评比"整理小达人"的活动中，鼓励幼儿争做合格的小小兵，把自己的生活安排得井井有条，做一名新时代的中国娃。

（三）爱国中国娃（9月25日）

1. 社会活动："中国大调查"

一次区域活动时，达达看着地球仪，用手指着中国地图。

达达：我们的祖国可真大呀！

我：我们的祖国在哪里？

达达：老师，你看，就是这个像雄鸡的地方，就是我们中国。

我：你知道咱们的首都在哪儿吗？

几个小朋友争先恐后地说：北京。

晨晨：老师，我知道，北京有天安门。

为了让孩子们对中国有更多的了解，我们以亲子活动的方式，让幼儿和爸爸、妈妈一起收集关于祖国的信息（图8-2-11）。

图8-2-11

💙 教师反思

对于孩子们来说，中国是一个既熟悉又陌生的地方，熟悉的是中国是自己的祖国，是幼儿每天都生活的地方；陌生的是中国有很多的历史文化、名胜古迹及风俗习惯等，幼儿不可能全部了解。为了让幼儿更加了解自己的祖国，我们以亲子活动的方式开展了收集祖国信息的活动，包括祖国多大了、中国的城市、我去过的城市、中国美食、中国的名胜古迹、我的姓氏、我的民族等。在收集信息的过程中，孩子们逐渐了解了我们的祖国，产生了热爱祖国、热爱家乡的情感，并为自己是中国人而自豪。

2. 美工活动："我为祖国献礼"

在美工活动中，孩子们欣赏了中国民间艺术——剪纸。清清用一把小剪刀和一张红纸，剪出一朵漂亮的窗花。

小好：哇，好漂亮啊！我也想做一个，送给祖国妈妈。

我：你的想法非常好啊！剪纸属于中国民间艺术的一种。马上就要到国庆节了，小朋友们可以自己动手制作一个礼物，送给祖国妈妈。

几个小朋友闻声走来：我也想剪一个窗花，当做礼物。

于是，孩子们决定用剪纸的方式为祖国妈妈准备生日礼物。他们从美工区找了一些纸袋子，把剪好的窗花贴在了上面，制作了窗花环保袋（图8-2-12、图8-2-13）。

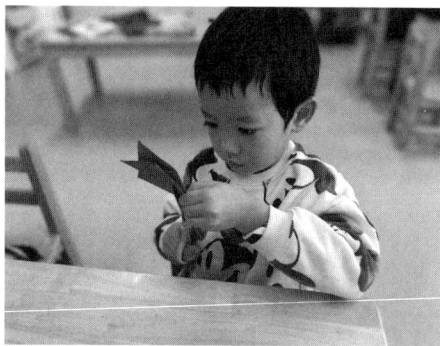

图8-2-12

图8-2-13

💗 教师反思

本次活动中，幼儿的参与度很高，教学效果显著，激发了幼儿学习剪纸艺术的兴趣，使幼儿在实际操作中领悟到中国民间艺术剪纸的独特魅力。教师鼓励每个幼儿根据自己的兴趣设计与创作剪纸作品，提高剪纸技能，体验剪纸活动成功的乐趣，培养幼儿对中华传统艺术剪纸的热爱，大胆表达对祖国妈妈的热爱之情。

3. 节日活动："我为祖国庆生"

国庆节之前，幼儿园开展了"龙腾飞舞迎国庆"的活动。我们班的小朋友们都积极地参加了表演活动（图8-2-14），他们在热闹的氛围中兴奋地讨论着假期要和爸爸、妈妈去哪里玩。借此机会，我鼓励孩子们在游玩时请爸爸、妈妈拍照记录，等假期结束后，来园和小朋友们分享。

国庆节过后，孩子们兴奋地分享着自己在全国各地旅游的感受，欣赏着旅游时拍摄的照片（图8-2-15），并聆听他人讲述的游览经历。

图8-2-14

图8-2-15

杉杉：我和爸爸、妈妈去了西安，看到了兵马俑。

旭旭：国庆节那天，我去了天安门，看了升旗仪式，可壮观了！这是我和国旗的合影。

芃芃：这是我在我们小区里和国旗的合影。小区门口插了好多国旗呢！

💗 教师反思

生活即教育。国庆节是对幼儿进行德育教育的最佳时期。我们紧紧抓住节日教育的契机，发动家长在国庆节放假期间带着孩子在社区街道、天安门前寻找国旗，与国旗合影，感受节日的气氛。在活动中，小朋友们分享了国庆节的见闻，了解了中国不同地方的不同习俗，感受祖国大好河山的魅力，为自己是一名中国娃而自豪。

主题活动三：您好，航天员（大班）

作者：北京市东城区春江幼儿园　梁　佳

开学第一天，晨间活动时，我突然发现有几个小朋友聚在一起聊天，没有参与活动。于是，我好奇地走过去，想听听他们在说什么。

扫码看彩图 8-3-1

登登：我听我妈妈说，有个火箭升上太空，完成了任务，那个火箭叫"神舟十五号"。

成成：真的吗？好厉害！火箭好大的。

一文：对对对，航天员都特别厉害！

阳阳：我也想当航天员。

一修：我也想，我想像航天员叔叔一样乘坐火箭，飞到太空，变成太空人！

说着，一修还手舞足蹈起来。孩子们在看完火箭升空的视频后，开始谈论火箭、宇宙飞船和航天员。他们对航天员非常感兴趣，互相谈论着自己心目中的航天员。在活动中，我们倾听并记录了幼儿的想法、问题和需求，及时把握教育契机，积极引导和支持幼儿。

（一）航天员那些事儿（3月13日）

孩子们在阅读有关航天员的绘本时，讨论着航天员衣食住行的问题，进而了解了航天员的那些事儿。

阳阳：中国航天员都有谁呢？我们国家第一位飞上太空的航天员又是谁呢？

登登：我知道呀！摘星星的妈妈王亚平，还有景海鹏叔叔、杨利伟叔叔。其他的，我就不太清楚了。

　　孩子们对于航天员在太空的生活有着太多的问题，如他们怎么吃饭、怎么睡觉、穿什么、能不能出门……这些在地球上很简单的问题，放在太空就显得异常复杂而神秘，引发了孩子们进一步的思考（图8-3-1）。

　　皓皓：你知道航天员是做什么的吗？

　　一修：航天员可以乘坐火箭，飞到太空，就是太空人呀！

　　皓皓：我还跟航天员照过相呢（图8-3-2）！

　　一文：我想知道航天员平时工作的时候都干什么？他们睡在哪里呢？

　　一修：不知道呀！也跟我们一样，要学习和吃饭吧！

图8-3-1

图8-3-2

　　对于孩子们来说，这些并不是他们熟悉的内容。孩子们通过亲子调查、搜索信息、同伴间分享与交流了解了有关航天员的信息，并用条形统计法、表格统计法、图形统计法等方式记录了每个航天员去太空的次数和天数。在统计的过程中，孩子们为中国航天事业的发展感到无比的骄傲与自豪。

　　孩子们的想法五花八门，有的孩子说"航天员和我们一样也要刷牙、洗脸"，有的孩子说"他们也要上课"，还有的孩子天马行空地说"他们可以跟外星人说话"。我在一旁记录着孩子们的想法。对敢于说出想法的幼儿，我及时肯定，即使他说得很夸张、不切实际，也不急于纠正。对于不敢开口的幼儿，我鼓励他们大胆表达。

♡ 教师反思

　　这次有关航天员的讨论也是基于开学时小朋友们对航天新闻的一些讨论。为了让孩子们更加了解中国航天事业的伟大成就，让航天英雄们成为他们心中的榜样，厚植爱国主义情怀，满足孩子们对宇宙空间、科学技术的好奇，我们开展了一次讨论活动。在我提出大家可以畅所欲言地猜想航天员平时的工作内容后，孩子们的表现出乎我的意料，他们的想法千奇百怪，想象力非常丰富。在我支持、鼓励他们说出自己的想法时，他们表现得更加自信，即使词不达意，也不难看出，他们在慢慢地打开自己。在后面寻找航天员的环节中，孩子们表现得非常主动、积极。我为孩子们提供了充分的时间，让他们自由探讨，寻找自己心目中的航天员。

（二）有意思的太空之旅（3月21日）

"航天员坐着火箭搭载的宇宙飞船，就可以上天。火箭是怎么发射、升空的呢？"孩子们提出了问题。

我：接下来，就让我们一起搭乘飞船，去太空旅行吧！

我在教室放置了几个简易的火箭模型和一些制作火箭的手工材料（如纸张、胶水、画笔等），循环播放着火箭发射的视频、航天员在太空舱工作的视频及制作简易火箭的视频。孩子们早上来到教室，发现今天的教室跟以往的不一样，都很兴奋。

阳阳：哇，是火箭耶！

一文：这个火箭模型，我能玩吗？

我：当然可以。

一修：可以拆吗？

我：可以啊！不过，你拆了之后还能把它还原，就更厉害啦！

阳阳：这个东西，我能用吗？

我：当然可以，教室里所有的材料，你们都可以用。

一修：我觉得火箭还有其他的样子。

我：那你就动手制作一个自己心目中的火箭吧！

孩子们进入教室后，有的兴奋地跑到火箭模型那里观察，有的被正在播放的视频吸引了，站在屏幕前观看。其中，一文率先提问："这个火箭模型，我能玩吗？"我说："当然可以。"在收到我的肯定答复后，他们迫不及待地把玩起火箭模型来。他们先是觉得好奇，拿起来，上下左右地看，然后又觉得不过瘾，竟然想把它拆开，看看里面是什么样子的，随即又问我"可以拆吗"，我回答："可以啊！不过你拆了之后能还原，就更厉害啦！"听到我的回答，孩子们更起劲儿了，他们根据模型和视频画出了火箭的基本结构，又通过观看视频了解了火箭升空的作用力与反作用力。我们又以游戏的形式感知了作用力和反作用力。孩子们两人一组，两人双手伸直，掌心对掌心，用力推对方，在推动对方的同时，也会感到一股反作用力。教室里有一堆材料，究竟哪些材料可以做火箭呢？

小雨：矿泉水瓶就可以，还有这根吸管。

蜜宝：我觉得皮筋，应该也可以。

另外几个小朋友也纷纷拿起自己觉得可以做火箭的材料，开始按照自己的想象制作火箭。最后，他们开开心心地将自己做好的火箭拿给我看。我发现孩子们的想象力还真是丰富呢！第一轮火箭制作完成后，我指导幼儿自由发射，让幼儿探索并发现为什么有的火箭发射得远、有的火箭发射得近（图8-3-3）。

图8-3-3

♥ 教师反思

为了让幼儿更好地参与活动，我提前进行了场景布置，创设了航空科技的氛围感。在这场太空之旅的活动中，我首先准备好了发射火箭及制作火箭的视频，又准备了各种制作火箭的材料和已经制作完成的火箭模型。让幼儿一进教室，就会发现室内的变化，他们会对新出现的东西产生兴趣。有的幼儿看到火箭模型，很快就跑过去观察，也有的幼儿被播放的视频所吸引。其实，幼儿的观察能力还是不错的，他们能根据视频和模型把火箭的大致结构画出来。在幼儿把玩火箭模型的过程中，幼儿也会主动询问能不能用、能不能拆，看来大多数幼儿还是很有礼貌的。当幼儿询问能不能拆解火箭模型时，我的肯定答复也给了他们很大的鼓励。这些鼓励和支持无疑能让幼儿更好地释放自己的天性，并且按照自己的想法做自己想做的事情。后来，更多的幼儿慢慢地参与进来，自己动手制作火箭。在活动中，幼儿自主选择材料，制作自己想象的火箭造型。

（三）有趣的失重环境（3月24日）

我：现在，我们搭乘宇宙飞船来到了太空。大家想象一下，太空和地球有什么不同呢？

教室里正在播放有关航天员的影像（图8-3-4），展示了航天员准备进入宇宙飞船以及升空后身处太空的失重感。有个善于观察的幼儿看到视频后很惊讶。

一修：哇，电视里的叔叔飘起来了！

一文：哇，是的。嘿！这个人竟然会飞！

阳阳：你们知道这是为什么吗？

一文：就像魔术一样，这个应该是魔术。

阳阳：不对，你看，他穿了航天员的衣服，他是航天员，航天员就是会飞。

我：回答得不错！还有人回答吗？还有谁有不同的想法？

小明：航天员很像我游泳的感觉，整个人飘起来了。

小亮：是不是没有重量，感觉轻飘飘的？

我：这个其实是失重的现象。我给你们解释一下什么叫"失重"。失重就是物体失去原来的重量。物体在高空中，地心引力会变小，或者物体向地球中心方向加速运动，也会出现失重的状态。

阳阳：噢，我坐电梯时，电梯的速度特别快，感觉"呼"的一下子，头有点儿晕晕的，不知道是不是失重现象。

我：是的。你很聪明！

一文：我也想失重，尝试飞起来的感觉。

接着，我播放了一个魔力科学小实验的视频，并用钻好孔的瓶子演示了失重现象（图8-3-5），让幼儿更好地理解失重现象。演示的过程是这样的，我给一个有孔的瓶子装满水，当它静止时，会漏水，而当它下落时，却不会漏水。通过分析实验现象，我们得出了一个结论：水瓶静止时，由于水有重量，对瓶壁产生静压强，于是，水就会从小孔处喷出。当水瓶自由下落时，瓶内的水处于失重状态，不再对瓶壁产生压力。因此，水就不会流出来了。孩子们都觉得很神奇，然后，他们发现了同样的实验器材，便问我："我们也能做这个实验吗？"我说："当然可以。"他们便兴致勃勃地做起了失重实验。有的幼儿看了一遍，还是不太会，就对照着视频中的实验步骤一步一步地进行实验。

图8-3-4

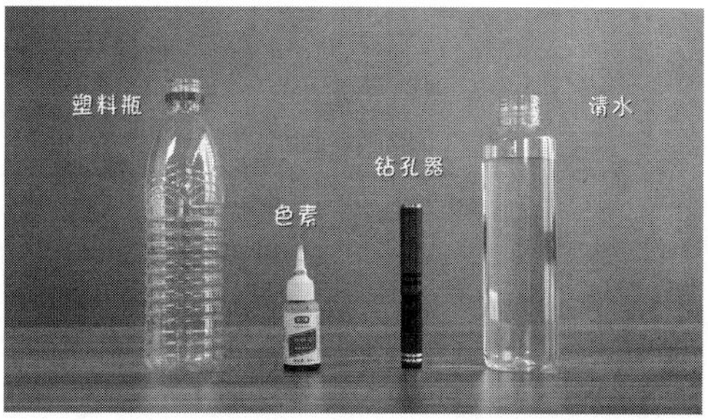

图8-3-5

❤ 教师反思

在这次认识失重现象、了解失重原理的活动中，首先，我播放视频，引起幼儿的注意。幼儿很快发现视频中的神奇现象，立刻提出了疑问。其次，我顺势提问幼儿为什么会发生这种现象。幼儿开始脑洞大开，心里怎么想就怎么说，有的幼儿说好像变魔术一样，有的幼儿说航天员会飞，也有的幼儿注意到他们的着装，说他们是航天员，我都表示了赞赏，让他们畅所欲言，并在他们还是疑惑不解时，向他们解释了这是一种失重现象，让他们了解了什么是失重，我在举了几个简单的例子后，让他们再想想自己有没有遇到过失重现象。有的幼儿很快就想到身边发生的失重现象，有的幼儿说的并不是失重现象，我也没有直接反驳，而是继续引导幼儿提出自己的想法。在一场讨论之后，我给他们演示了失重实验，让他们近距离地了解了什么是失重。当幼儿看到桌子上也有相同的实验材料后，提出是否可以进行同样的实验。幼儿在得到肯定的答复后，自己动手操作起来。

(四) 我想去太空 (3月28日)

一次自主游戏时，一名幼儿拿着世界地图，仔细观察，并说："蓝色的是海洋，绿色的是陆地。那地球之外是哪里呢?"

阳阳：地球以外的世界是什么样儿的呢?

小明：就是各种星球，有冥王星、海王星、木星、土星，还有好多星球呢（图8-3-6）!

阳阳：好想去地球以外的地方看看呢!

一修：我要是能去，我就看看月亮上到底有没有嫦娥和玉兔。

心儿：我想看看能不能碰到王亚平阿姨。

我：你们可以画出自己想象中的太空，用手中的彩笔画出自己心目中的宇宙飞船，并想象自己驾驶着宇宙飞船在太空遨游的场景，和大家分享自己的太空梦想。

孩子们听完我的建议，都拿起画笔，开始画了起来（图8-3-7）。

一修：太空可能也有恐龙，还有星星。

我：把你们想的画出来就行，看看你们谁画的太空更丰富。

幼儿积极作画，并分享自己的想法。我来帮助幼儿进行记录。

图8-3-6   图8-3-7

♥ 教师反思

孩子们的想象力很丰富。有的幼儿觉得太空肯定有很多好玩的、很多好吃的，还有恐龙。在我们没有告诉幼儿太空的准确定义之前，孩子们的想象力反而被激发出来。看来，只要给予幼儿大致的方向和足够的支持与鼓励，他们就会给你意外的惊喜。你会发现，原来孩子们的世界如此丰富。在最后的画作展示环节，孩子们讲述了自己画作的内容，很好地锻炼了语言表达能力，也让幼儿获得了自信。作为教师，应该让幼儿主动表达、主动发现、主动探索，积极鼓励和引导幼儿发挥自身的主观能动性，自己思考、自己动手，让幼儿在玩中学、在玩中找到乐趣，这样很容易让幼儿在不知不觉中就记住了简单的知识。教师应该鼓励幼儿自主游戏，发挥游戏的价值，最终让幼儿得到发展。

"上九天揽月"是我们中国人从古至今不变的夙愿，从《嫦娥奔月》的神话故事到神舟五号的一飞冲天，再到今天航空、航天事业的发展与成就，这是多少代人的接续努力才换来的。孩子们通过本次活动的探索，对航天员有了一定的认识和了解，愿意像航天员叔叔、阿姨一样成为国家的英雄，从地球飞到月球上，探索月球的奥秘，相信他们一定有机会实现这一梦想的。

第九章 红色教育活动案例

活动一：体验红军艰苦生活，爱惜粮食（小班）

作者：北京市东城区春江幼儿园 张 悦

扫码看彩图 9-1-1

🖥 活动由来

在建党百年的历史背景下，幼儿园要把爱国主义教育摆在突出的位置上，把爱我中华的种子埋入每个幼儿的心灵深处。长征是中国共产党百年历史中的一段艰苦岁月，也是伟大的革命历史见证，它凝结了党的精神，锤炼了无数英雄。为了进一步加强幼儿爱国主义教育，让幼儿表达对祖国妈妈的爱，我设计并组织小班幼儿开展了"体验红军艰苦生活，爱惜粮食"的活动。

🖥 活动目标

1. 通过观察红军的食物，初步了解红军长征途中的艰苦生活。

2. 通过参与健康教育活动，知道饮食与健康的关系，了解为了健康人们需要吃不同的食物。

3. 学习红军不畏艰苦、积极向上的革命精神，养成不挑食、不偏食的良好饮食习惯。

🖥 活动重点

体验红军生活的艰苦，鼓励幼儿不挑食、不偏食，养成良好的饮食习惯。

🖥 活动难点

通过听红色故事，懂得饮食营养全面、合理的重要性，养成良好的进餐习惯。

📖 活动准备

1. 经验准备：听过故事《倔强的小红军》，了解故事内容，知道进餐的常规。

2. 物质准备：故事视频《倔强的小红军》、PPT 课件（包括生活中的饮食案例图片、膳食金字塔图片等）、各种仿真食物。

📖 活动过程

（一）聆听革命故事——体会红军艰苦的生活

教师：请小朋友们来听一个故事《倔强的小红军》，听完这个故事，说说你有什么感受及红军在长征途中遇到了哪些困难。

教师播放故事视频《倔强的小红军》，引导幼儿观看（图 9-1-1、图 9-1-2）。

幼儿 1：小红军的粮食不够吃。

幼儿 2：小红军没有野菜，只能吃草。

幼儿 3：红军在行军的路上因为粮食少，都舍不得吃粮食。

幼儿 4：有一个小红军饿死了。

指导重点：通过提问的方式引导幼儿带着问题听故事，利用视频分享法激发幼儿参与活动的兴趣；再利用谈话法和启发式教学法，通过开放性的提问和追问引发幼儿在看完故事后积极回忆、探讨故事中的场景，鼓励幼儿表达自己的想法。

教师小结：引导幼儿了解红军长征途中的生活环境和恶劣的自然条件，以及小英雄林宇牺牲的原因，知道食物吃得少、营养不均衡容易生病，从红色故事中获得饮食经验，引出食物和健康的关系，养成良好的卫生、饮食习惯。

图 9-1-1

图 9-1-2

（二）了解食物的营养价值——学会珍惜粮食

教师：小朋友们，你们觉得粮食重要吗？你们知道除了故事中提到的小麦，生活中还有哪些食物吗？

幼儿1：我平时吃米饭，还要吃菜，还有水果。

幼儿2：我妈妈希望我能多吃青菜，可是我更喜欢吃肉。

幼儿3：我最喜欢吃米饭。

教师：你们知道食物有哪些重要的作用吗？

幼儿1：吃饭很重要，不吃饭就会没力气。

幼儿2：多吃胡萝卜，对眼睛有好处。

幼儿3：我不拉臭臭的时候，我妈就给我吃火龙果和西梅。

幼儿4：多吃牛肉，能有力气。

幼儿5：多吃青菜，不上火。

指导重点：对幼儿进行提问，用集体讨论法让幼儿了解饮食和健康的关系。

教师小结：梳理红色故事中有关饮食方面的知识，讨论膳食营养对身体的重要性。有的幼儿会说要按时吃饭、不挑食、不浪费粮食等，鼓励幼儿自己梳理并总结经验，知道合理进食对身体健康的好处。运用情景教学法、观察分析法，引导幼儿观察故事图片内容，猜测幼儿胖和瘦的原因，鼓励同伴讲述自己的想法。最后，总结幼儿每天进餐时应该怎么做，如要按时吃饭、不挑食、不偏食。通过生活中的饮食案例，引导幼儿进一步思考合理饮食与健康的关系。

（三）认识膳食金字塔——调整科学饮食结构

教师：今天，老师带来了一个大三角形。小朋友们认识它吗？

幼儿1：大三角形里有水果，有很多好吃的。

幼儿2：这个三角形像金字塔。

幼儿3：三角形里面有好几层，每层都有不一样的好吃的。

教师：平时，我们有这么多种食物可以吃。你们知道怎样搭配着吃，才最有营养吗？

幼儿1：每样儿都要吃一点儿。

幼儿2：要多吃青菜。

幼儿3：不能只吃自己喜欢的，主食、蔬菜、肉类都要吃。

幼儿4：每天都要喝牛奶。饭后才可以吃水果。

指导重点：运用自由观察法、同伴交流法，引导幼儿仔细观察课件中膳食金字塔的结构，直观地看到膳食金字塔中每一层的食物都有哪些，再通过同伴交流、膳食营养搭配的方式引导幼儿自主探究每一层的食物属于什么类型，应该如何搭配、设计营养食谱（图9-1-3～图9-1-6）。

图 9-1-3    图 9-1-4

图 9-1-5   图 9-1-6

教师小结：人们要有合理的饮食结构，严重的挑食、偏食都对健康有害。引导幼儿观察膳食金字塔，了解人体健康所需要的营养及其来源，知道吃的食物营养要全面、合理，初步了解饮食与健康的关系。

（四）分享与交流——培养良好的饮食习惯

教师：今天，我们听了小红军的故事，知道革命先辈们生活很艰苦，他们的食物非常匮乏。今后，希望小朋友们每一餐都要珍惜粮食，争做"光盘小达人"。

幼儿 1：我今后一定把碗里的饭和盘里的菜都吃光。

幼儿 2：每一粒米都是农民伯伯辛辛苦苦种出来的，我们都要珍惜。

教师：今天，请你为自己设计一份营养食谱，说一说并画一画你想吃什么。

幼儿1：玉米、白菜和牛肉。

幼儿2：米饭和鸡蛋炒西红柿。

幼儿3：红豆饭、西蓝花和可乐鸡翅。

指导重点：活动结束时，教师利用表征的方式（语言与绘画）邀请幼儿分享与表达，鼓励幼儿发现怎样用餐才能做到营养均衡。

教师小结：让幼儿了解什么是健康的饮食习惯，重点在于深入理解红色故事中红军长征途中的艰苦生活，知道粮食来之不易，要珍惜粮食，饮食要营养、全面，逐渐养成良好的饮食习惯。

活动反思

（一）活动目标的达成情况

在整个活动中，幼儿兴趣浓厚，能积极、主动地参与活动，最终全体幼儿基本达成了预设的目标。

（二）教育策略及方法

我在设计本次活动时，为了实现三个预设的目标和活动重、难点，对活动准备、活动环节进行了精心的设计。在第一个环节中，我引导幼儿通过观看红军长征的图片和有效的提问，如"看了这些照片，你有什么感受？"引发幼儿思考，激发幼儿对红军长征途中生活的了解，知道革命条件艰苦，提升幼儿对红军的热爱之情。

1. 情景教学法：我为幼儿创设了生活中常见的进餐场景，激发幼儿思考和交流的愿望，使得幼儿情绪高涨，大部分幼儿注意力较为集中。

2. 观察分析法：我引导幼儿通过对课件中膳食金字塔图片的观察，使幼儿直观地了解膳食金字塔中每一层的食物都有哪些，引发幼儿积极探讨每一层食物不一样的原因。我通过对红色故事情节的分析，引导幼儿表达自己的观点及个人对故事的理解，使幼儿更好地了解合理进餐对身体的好处。

3. 对比发现、交流讲述法：我通过提问的方式鼓励幼儿主动交流，通过对比发现，帮助幼儿梳理、总结，看看幼儿的观点是否符合创设的情景。

4. 表征呈现法：在活动延伸环节，我鼓励幼儿积极地用语言与绘画的方式进行表征，引导幼儿懂得营养全面与合理的重要性，逐步养成良好的进餐和卫生习惯，从而解决本次活动的难点。

（三）活动亮点或优势

本次活动通过红军故事引发幼儿对革命先辈们在长征途中艰苦生活的了解，引导幼儿通过自己的生活实践与体验来习得新知识、获得新经验。本次活动中，我不仅让孩子们知道了战争时期粮食很珍贵，也让大家今后要做到爱惜粮食。

（四）活动不足及调整策略

1. 活动不足

（1）幼儿在分享自己设计的菜谱时，部分幼儿能直接说出蔬菜的名称。我应该鼓励幼儿说出好听的菜名来丰富自己的词汇，让自己设计的菜谱听起来更吸引人，如清炒西蓝花、西红柿炖牛腩等。

（2）在分享与交流的过程中，我应该为幼儿提供更多分享与表达的机会和时间，通过提问引导幼儿表达自己体验后获得的感受。

2. 调整策略

（1）在今后的教育活动中，我一定多观察幼儿在活动中的行为，及时捕捉教育契机，对幼儿进行随机教育。

（2）今后，在进餐过程中，我会继续鼓励幼儿努力做到"光盘行动"。

活动二：《学习雷锋好榜样》（小班）

作者：北京市东城区春江幼儿园 郭 颖

活动由来

扫码看彩图 9 - 2 - 1

雷锋的名字家喻户晓，雷锋的事迹深入人心，雷锋的精神滋养着一代代中华儿女的心灵。实践证明，无论时代如何变迁，雷锋精神永不过时。雷锋的事迹教育意义深远，是很好的教育素材。由于时代背景的差异，现在的小朋友们吃穿不愁，生活条件优越，很难理解那个时代雷锋艰苦朴素的精神，尤其是小班幼儿理解能力较弱。但是，当他们听到老师说"我们要向雷锋叔叔学习"的口号时，也非常感兴趣，围着老师问："老师，雷锋叔叔是谁啊？"本次活动是在红色教育主题活动背景下开展的思想品德教育，教师结合本班幼儿的兴趣点和发展水平，生成了本次教育活动。

活动目标

1. 愿意向雷锋叔叔学习，乐于劳动，体验做好人好事的快乐。

2. 通过活动初步认识雷锋，了解雷锋艰苦朴素、乐于助人的英雄事迹。

3. 愿意向雷锋叔叔学习，模仿雷锋叔叔帮助他人的行为，主动帮助同伴做力所能及的事情。

活动重点

愿意做力所能及的事情并帮助同伴，体验助人为乐的愉快心情。

活动难点

能主动接受并完成助人为乐的任务。

活动准备

1. 经验准备：幼儿认识解放军，知道解放军愿意帮助大家。

2. 物质准备：课件PPT、音频《雷锋的故事》、音乐《学习雷锋好榜样》、五角星贴纸、体验区环境创设、抹布若干、扫把若干、装有物品的大背包一个、自制扁担、装满水的水桶等。

活动过程

(一) 图片引入，激发兴趣

教师：小朋友们，你们从图片上看到了什么？他穿着什么样儿的衣服？你们知道他的名字吗（图9-2-1）？

幼儿操作：观察图片中的雷锋，在教师的引导下讲述自己观察到的内容。

幼儿1：这是一位军人叔叔（图9-2-2）。

图9-2-1

图9-2-2

幼儿2：他穿着军装（图9-2-3）。

幼儿3：老师经常说要向雷锋叔叔学习。

幼儿4：老师说我们要像雷锋叔叔一样帮助大家（图9-2-4）。

指导重点：鼓励幼儿大胆表达自己观察到的内容，结合日常生活，说说自己的感受。

教师小结：图片中的这位军人就是雷锋叔叔。

图 9 - 2 - 3

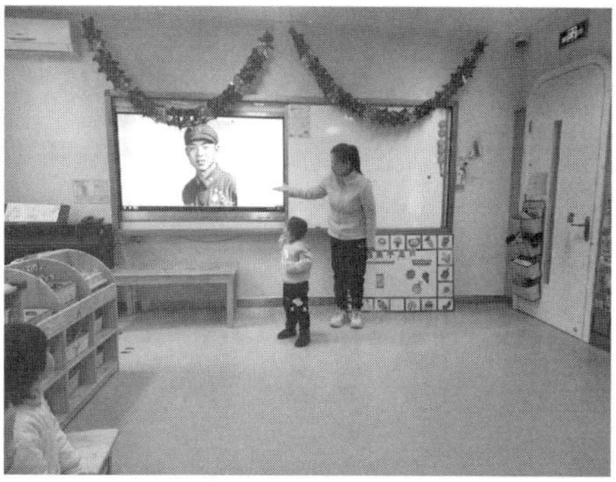

图 9 - 2 - 4

（二）雷锋叔叔帮助他人的故事

教师：小朋友们，人们常说雷锋"出差一千里，好事做了一火车"。今天，老师给你们带来了《雷锋的故事》，请你们仔细听一听，故事中，雷锋都做了哪些好人好事？

幼儿1：雷锋叔叔把老奶奶送回了家。

幼儿2：雷锋叔叔把自己的雨衣送给了小妹妹（图 9 - 2 - 5）。

幼儿3：雷锋叔叔帮阿姨买火车票。

指导重点：引导幼儿仔细倾听故事，了解雷锋叔叔做的好人好事。

教师小结：雷锋叔叔经常帮助别人。你们喜欢雷锋叔叔吗？

图 9 - 2 - 5

（三）初步感知：我眼中的雷锋

教师：故事中，雷锋叔叔做了那么多的好人、好事。但是，你们知道吗，雷锋叔叔不止做了故事中的那些好人、好事。请你们看一看，图片中的雷锋叔叔还做了哪些帮助他人的事情呢？

幼儿1：雷锋叔叔帮助工人叔叔在工地上搬砖。

幼儿2：雷锋叔叔帮助其他的军人叔叔缝被子。

幼儿3：雷锋叔叔帮助老大娘挑水。

幼儿观察雷锋叔叔做好人好事的图片，发现雷锋叔叔经常帮助有困难的人。

指导重点：激发幼儿喜欢雷锋叔叔，萌生想要向他学习的情感。

教师小结：雷锋叔叔在日常生活中做了那么多的好人好事，你们愿意向他学习吗（图9-2-6）?

图9-2-6

（四）模仿与体验

模仿雷锋叔叔做过的好人好事，知道雷锋叔叔帮助他人的过程也很辛苦。

教师：你们从图片里，看到雷锋叔叔帮助了那么多人，做了那么多的好人好事。谁愿意试一试雷锋叔叔做的好人好事，体验一下帮助他人是什么感受?

幼儿操作，结合自己的体验分享感受。

幼儿1：我在运水的过程中感觉水桶很沉，雷锋叔叔很辛苦（图9-2-7、图9-2-8）。

幼儿2：虽然老奶奶的包裹很沉，但是雷锋叔叔还是愿意帮助老奶奶背行李（图9-2-9、图9-2-10）。

幼儿3：我体验了缝补衣物。我发现缝的时候，要小心，不要让针把手扎了，会很痛的（图9-2-11、图9-2-12）。

指导重点：幼儿通过亲身体验雷锋叔叔所做的事情，感受雷锋叔叔不怕辛苦、乐于助人的精神。

教师小结：帮助他人的过程虽然很辛苦，但是雷锋叔叔依然坚持帮助大家，这些行为是非常可贵的。

图 9 - 2 - 7

图 9 - 2 - 8

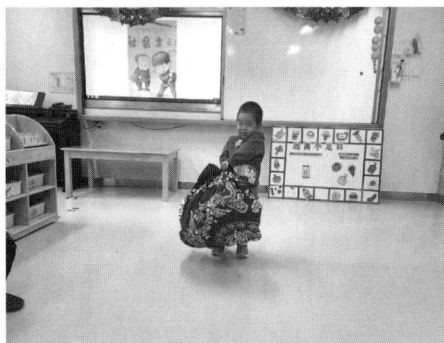

图 9 - 2 - 9

图 9 - 2 - 10

图 9 - 2 - 11

图 9 - 2 - 12

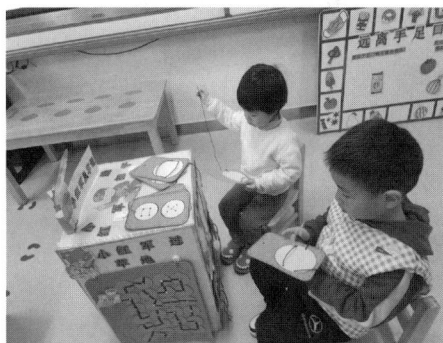

（五）活动延伸——小小雷锋放光彩

教师：小朋友们，现在，让我们通过自己的力量，向雷锋叔叔学习，做一些力所能及的事情来帮助大家、帮助老师，让我们身边的人都能感受到被帮助的幸福和帮助他人的快乐吧（图9-2-13~图9-2-16）!

指导重点：通过力所能及的劳动，把班级教室变得更干净、整洁，帮助遇到困难的小朋友，学习雷锋叔叔助人为乐的精神。

教师小结：小朋友们，你们在帮助他人的过程中累不累?（累）你们开心吗?（开心）对，当我们帮助他人的时候也能感到很快乐。

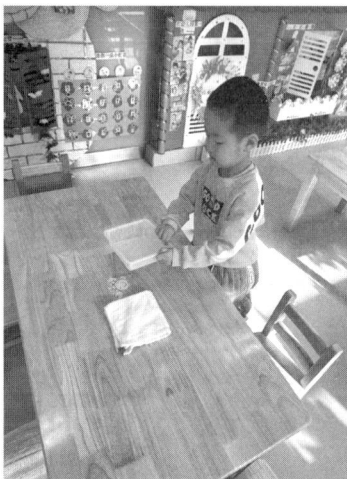

图9-2-13

图9-2-14

图9-2-15

图9-2-16

活动反思

(一) 活动目标的达成情况

在整个活动中，幼儿亲身体验了雷锋叔叔帮助他人所做的事情，了解了这一过程的辛苦，同时，也感受到帮助他人的快乐。活动后，可以引导幼儿表达对雷锋叔叔的热爱、愿意向雷锋叔叔学习的想法，以及帮助他人后感受到的快乐。本次活动中，我认为幼儿基本上完成了预设的目标。

（二）教育策略及方法

我在设计本次活动时，为了达成这三个目标和活动重、难点，对活动环节进行了精心的设计。

在第一个环节中，我引导幼儿观察雷锋叔叔的图片，对幼儿进行有效的提问，如"你从照片中看到了谁？他穿着什么样儿的衣服？"引发幼儿思考，让幼儿知道雷锋叔叔是一名军人，增强幼儿对解放军的热爱之情。幼儿是通过倾听与理解故事、模仿与体验、分享与交流的方式来获得新经验的。小班幼儿通过模仿雷锋叔叔的经历和完成任务挑战的方式，进一步了解了雷锋叔叔帮助他人的辛苦。最后，在分享与交流环节，我进行提问："体验后，你们有什么样儿的感受？你想像雷锋叔叔一样帮助别人吗？"提升幼儿的思想境界，引导幼儿感受雷锋叔叔不怕苦、不怕累、一心为他人着想、为人民服务的精神，鼓励幼儿表达对雷锋叔叔的热爱之情。

本次活动中，我通过故事引入、创设情境、游戏化体验的方式，帮助幼儿解决了本次活动的重、难点。在体验环节，我利用扁担挑水、缝扣子、帮老奶奶扛包裹的任务挑战环节设置，更好地让幼儿体验了帮助他人过程中的辛苦和不易，感受雷锋精神的可贵。

（三）活动亮点或优势

1. 本次活动通过讲述雷锋叔叔帮助他人的故事，吸引幼儿的注意力，通过听故事感受雷锋叔叔乐于奉献、为人民服务的精神，故事导入的方式非常符合小班幼儿的年龄特点。

2. 《指南》中指出："幼儿的社会性主要是在日常生活和游戏中通过观察和模仿潜移默化地发展起来的。"我为幼儿创设了一个模仿雷锋叔叔帮助他人的情境。幼儿通过亲自模仿感受到帮助他人的辛苦与快乐。

3. 在延伸活动中，幼儿向雷锋叔叔学习的积极性被调动起来，他们都非常愿意帮助身边的小朋友，帮助他人做力所能及的事情，向雷锋叔叔学习。

（四）活动不足及调整策略

1. 活动不足

（1）活动中，由于时间和场地有限，只有一部分幼儿亲身体验了雷锋叔叔帮助他人的过程，很多幼儿没有参与，感到意犹未尽。

（2）我应该在分享与交流环节为更多的幼儿提供分享与表达的机会和时间，注重提问并引导幼儿表达体验过程中的感受。

2. 调整策略

（1）在今后的教育活动中，我准备创设更加丰富的体验场景，尽量让每个幼儿都有机会充分地体验与感受。

（2）在延伸活动中，我应该根据幼儿分享参与延伸活动的感受，进一步追问："你学习了雷锋叔叔帮助他人的光荣事迹后，打算帮助小朋友们和班级做哪些事情呢？在生活中，你还能帮助别人做哪些事情呢?"激发幼儿乐于助人的良好品德。

活动三：一起建造军事堡垒（小班）

作者：北京市东城区春江幼儿园　赵　月

🐦 活动由来

扫码看彩图 9-3-1

本次教育活动是在幼儿园红色教育主题活动下开展的子主题活动。幼儿园在开展红色教育活动的同时，还会融合五大领域、七大学科设计相关主题活动。《指南》指出：3～4 岁幼儿能够"感知和发现周围物体的形状是多种多样的，对不同的形状感兴趣"。幼儿在生活中会接触到不同的图形。幼儿对图形的认知对其今后的几何学习将起到至关重要的作用。小班幼儿通过日常的生活和游戏，对基本图形（如圆形、正方形、三角形）有了大致的了解，特别是在建构区的搭建过程中，幼儿经常能用语言来描述自己想要的积木形状。但他们喜欢按照自己熟悉的物体名称去命名，如圆的、方的等，很少说"圆形的、方形的"，对"形"字使用较少。为了巩固幼儿对基本图形的认知，能用正确的语言去讲述图形的名称，我结合小班幼儿年龄特点及对红色主题教育背景下的思考，设计了本次数学活动"一起建造军事堡垒"，为孩子们创设了小红军建造堡垒的情境，让他们在看看、做做、说说的过程中知道常见图形——圆形、正方形、三角形的名称，并通过图形拼摆与组合游戏，巩固了解这些图形的基本特征，从而提高小班幼儿的数学认知能力。

🐦 活动目标

1. 愿意帮助红军建造军事堡垒，简单了解军事堡垒的作用。

2. 尝试运用圆形、正方形、三角形三种形状的图形板进行拼摆与组合，建造军事堡垒。

3. 通过多种感官初步感知圆形、正方形、三角形的基本特征。

🐦 活动重点

使用圆形、正方形、三角形三种形状的图形板帮助红军建造军事堡垒。

活动难点

通过多种感官初步感知圆形、正方形、三角形的基本特征。

活动准备

1. 经验准备：有在建构区搭建楼房的经验。

2. 物质准备：PPT 课件，图形板（圆形、正方形、三角形）、摸袋、图形分类筐，各种大小、形状不同的彩色图形磁贴（圆形、正方形、三角形）、磁板。

活动过程

（一）情境引入，激发兴趣

1. 出示 PPT 课件，讲述《小红军的故事》，让幼儿猜想，从而引出活动主题。

提问：

（1）请你猜一猜，小红军会用什么形状的材料搭建军事堡垒呢（图 9-3-1）？（如果幼儿说不出来，可以再次提问）

（2）堡垒的墙壁是什么形状的？堡垒的顶部是什么形状的（图 9-3-2）？

图 9-3-1

图 9-3-2

2. 鼓励幼儿自由回答。

教师预设幼儿回答问题的情形。

（1）能用自己的语言说出图形板的基本形状，如"三角的""方的"等。

（2）能准确地说出形状，如"圆形""正方形""三角形"等。

（3）不能说出或说错形状的名称。

（二）神秘摸袋

通过玩摸袋游戏，引导幼儿了解圆形、正方形、三角形的正确名称。

1. 分别出示装有圆形、正方形、三角形图形板的摸袋，请幼儿先隔着袋子摸一摸、猜一猜（图9-3-3、图9-3-4）。

提问：搭建红军堡垒时，一共选了三种形状的图形板。请你摸一摸，猜猜你摸到的是什么形状的图形板。

2. 拿出袋中的图形板，进行图形分类并小结。

提问：小朋友看一看，你拿到的是什么形状的图形板呢？

请幼儿将圆形、正方形、三角形分别放入对应的图形分类筐中，初步感知不同图形的特征。

教师小结：搭建堡垒用了圆形、正方形和三角形的墙砖。

图9-3-3

图9-3-4

3. 播放PPT课件，一起看一看军事堡垒的样子。

提问：我们快来看一看，军事堡垒的房顶是什么形状的？墙是什么形状的？窗户和门是什么形状的？

教师小结：小红军的堡垒用了圆形、正方形和三角形（边说边指出图形的边，点到哪条边、哪条边变色）。堡垒的顶端用了有三个尖尖角的三角形（用肢体动作表现三角形）（图9-3-5）。三角形不光有三个尖尖的角，还有三条边（边说边用手指指出图形的边）（图9-3-6），这样的房顶一定很牢固。堡垒的墙壁是正方形。正方形有四条一样长的边（边说边指出正方形的边）。堡垒的墙还用了圆形当观测口，透过观测口可以察看敌人的情况。我们用小手指一下子就能划出一个圆圈儿，这个圆圈儿是圆的，没有角。

（三）帮助红军建造堡垒，能用三种图形进行拼搭。

1. 请幼儿帮助小红军搭建堡垒。

播放PPT课件中小红军的音频。

小红军：我们需要建造更多的堡垒来打击敌人。请小×班的宝贝们帮帮我们吧！

图 9-3-5

图 9-3-6

提问：小朋友们，小红军想请咱们帮帮忙。你们想用什么形状的砖帮助小红军建造堡垒呢？

引导幼儿自由讲述自己的想法（图 9-3-7、图 9-3-8）。

图 9-3-7

图 9-3-8

2. 出示大小、颜色不同的圆形、正方形、三角形磁贴，鼓励幼儿大胆尝试。

3. 幼儿选择不同的图形磁贴进行拼摆，尝试帮助红军建造军事堡垒（图 9-3-9、图 9-3-10）。教师进行个别指导。

对于完成得较快的幼儿，教师可以问一问他：你建造的堡垒都用了什么形状的磁贴？

对于不知道怎样拼摆的幼儿，教师可以问一问他：你想用什么形状来做堡垒的顶部或墙壁呢？

4. 鼓励幼儿向小组成员介绍自己拼摆的军事堡垒。

图 9 - 3 - 9   图 9 - 3 - 10

(四) 展示与分享

幼儿展示并分享自己帮助小红军建造的军事堡垒 (图9-3-11、图9-3-12)。教师进行小结。

1. 请3~5名幼儿上前分享自己为小红军建造的军事堡垒。在分享的过程中，请幼儿介绍自己都用了哪些形状的图形磁贴。

2. 播放 PPT 课件中小红军感谢小朋友的画面，教师进行游戏小结。

教师小结：今天，我们一起用了圆形、正方形、三角形（边说边指相应的图形）这三种图形的磁贴帮助小红军建造了新的军事堡垒。小朋友们可真棒！你们还用了不同的拼摆方法，有的小朋友建造的堡垒的顶部是三角形的，有的顶部是圆形的，真的是太厉害了！请小朋友们把自己搭建的堡垒送给小红军吧！

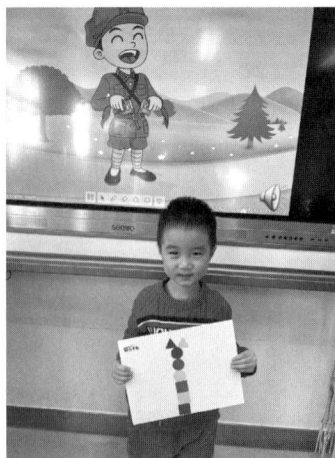

图 9 - 3 - 11   图 9 - 3 - 12

📺 活动延伸

1. 教师给幼儿建造的军事堡垒磁板拍照，再将照片投放到建构区，鼓励幼儿尝试用圆形、正方形、三角形积木进行搭建。

2. 在益智区，教师投放圆形、正方形、三角形的玩具卡片和磁贴，鼓励幼儿尝试用三种形状拼出不同造型的物体。

3. 教师鼓励幼儿寻找并发现生活中的图形，可以说一说在哪里发现的或者拍照后与同伴分享。

📺 活动反思

（一）活动目标的达成情况

本次活动的情景设置基本符合小班幼儿年龄特点。我引导幼儿运用多感官进行图形猜想活动，如看一看、摸一摸等。幼儿参与活动的兴趣比较高，愿意帮助小红军建造军事堡垒。我又结合班里幼儿爱交流、爱表达的特点，为幼儿提供了充分表达的机会，如一对一交流、小组分享、当众表达等。本次活动中，全体幼儿都能沉浸在建造军事堡垒这一情景中，通过探索和游戏基本达成教学目标。

（二）教育策略及方法

在环节设计上，我先通过看阴影引导幼儿猜想，我还特意将堡垒的阴影进行了较多的重叠，但也能大致分辨出图形，想借此加深观察难度，有的幼儿在猜想中说出了半圆形，这也说明幼儿已经对图形有了初步的认知。看图猜想后，我又开展了摸袋游戏，给予幼儿充分感知图形和表达的机会，并增加了一个给图形分类的环节，帮助幼儿初步了解图形的正确名称和基本特征。

在图形认知上，我引导幼儿结合之前的充分感知与体验，边认识图形边小结。然后，通过让 PPT 课件中的图形变色，引导幼儿认识边和角。最后，在幼儿掌握了三种图形的基本特征后，就请幼儿开始建造军事堡垒。

在指导过程中，我发现幼儿拼摆的方法基本上有两种。一种方法就像课件中的那样，用大图形磁贴来建造军事堡垒的墙壁，用小图形磁贴当观测口和堡垒顶部；还有一种方法是直接用小图形磁贴进行拼摆，不使用大图形磁贴。对于这两种方法，我都给予了肯定，把教学重点落在能说出拼摆的图形名称上。

整个活动中，我都积极地为幼儿营造自由、自主、宽松、愉悦的氛围，充分调动幼儿参与活动的积极性和主动性。在活动结束后，幼儿还跃跃欲试，想要去建构区帮助小红军继续建造军事堡垒。

（三）活动亮点或优势

1. 在游戏情境创设上，我将红色故事与数学游戏有机结合，打破了固有的红色教育、教学模式，将各领域内容相互融合，全面拓宽幼儿的相关认知。

2. 在材料的选择上，我选取了既能长时间保留又便于幼儿操作的磁贴，有助于幼儿更专注地建造军事堡垒。

3. 本次活动投放了大小不同形状的磁贴，满足了幼儿多方面的需求。在磁贴的颜色上，我也选取了小班幼儿最容易掌握的红色、黄色、蓝色、绿色 4 种基本颜色，进行了多领域的融合。

（四）活动不足及调整策略

1. 活动不足

（1）活动中，个别环节稍有些拖沓，过多地安排了幼儿讲述，导致个别幼儿回答得比较宽泛，不好收回来。

（2）在活动过程中，应加强对那些拼摆过于简单或随意拼摆的幼儿进行更多的指导，而不是更多地关注那些拼摆得比较好的幼儿。

2. 调整策略

（1）在今后的区域游戏中，应加强引导，多鼓励能力稍弱的幼儿加强练习。

（2）合理设计活动中的提问，注意抓住关键问题进行提炼、总结，帮助幼儿提升经验。

活动四：《这是小兵》（小班）

作者：北京市东城区春江幼儿园　安博轩

活动由来

扫码看彩图 9 - 4 - 1

为了加强幼儿爱国主义教育，使幼儿了解中国红色文化，培养他们的爱国主义情感，激发他们向老一辈革命家学习不怕苦、不怕难、勇往直前的意志品质，我在了解到本班幼儿强烈崇拜解放军、向往当一名解放军的情况后，结合本班幼儿兴趣点和幼儿现阶段发展水平，选取了歌曲《这是小兵》作为本次活动的基本素材，设计了本次教育活动。

活动目标

1. 感知歌曲雄壮、有力的特点，体验学做解放军的自豪感。

2. 理解歌词内容，尝试根据歌词内容创编动作。

3. 能情绪饱满、动作有力、合拍地进行表演，借此表达对解放军的热爱之情。

活动重点

感受解放军的军人形象和特点，培养幼儿爱国主义情感。

🖰 活动难点

能情绪饱满、动作有力、合拍地进行表演。

🖰 活动准备

1. 经验准备：幼儿认识解放军，有创编简单动作的经验。

2. 物质准备：解放军吹军号、打军鼓、打枪、开大炮的视频，军号、军鼓、手枪、大炮的图片，音乐《这是小兵》。

🖰 活动过程

(一)听音乐入场

教师：小朋友们，现在，让我们一起来当个小兵，学一学解放军叔叔，一起去教室进行军事训练吧！

指导重点：幼儿听音乐模仿解放军叔叔迈着整齐的步伐，列队走进教室（图9-4-1、图9-4-2）。

图9-4-1   图9-4-2

(二)播放视频，激发幼儿兴趣

教师：小朋友们，你们看过解放军叔叔是怎么走路的吗？他们又是怎样打击敌人的？咱们一起来看看视频中的解放军叔叔都在干什么吧（图9-4-3）！

幼儿观看视频中的解放军叔叔，结合已有经验表达自己的感受和观点。

幼儿1：解放军叔叔走路走得特别整齐。

幼儿2：敌人来了。解放军叔叔用手枪和大炮把敌人打跑了（图9-4-4）。

幼儿3：解放军叔叔到哪儿都扛着枪，敌人来了，就把他们打跑啦！

幼儿4：解放军叔叔打敌人之前还会吹号角，他们不怕敌人，特别勇敢！

指导重点：鼓励幼儿大胆表达自己的想法和感受，激发幼儿对解放军的好奇。

教师小结：解放军叔叔走起路来特别有精神！他们排着整齐的队伍，扛着枪，踏步走。面对敌人，他们特别勇敢，能够不怕困难、团结协作地战胜敌人，保卫我们共同的家园。老师觉得他们特别厉害！

图 9 - 4 - 3   图 9 - 4 - 4

（三）播放音乐，帮助幼儿感知节拍

教师：老师这里有一首关于小兵的歌曲。咱们一起来听一听。刚才，听这首歌时，你们想到了什么？这首歌里都唱了什么？

幼儿认真倾听歌曲，随着音乐节奏拍手，结合歌曲内容回答问题。

幼儿1：我听到这首歌感觉特别有力量，感觉自己就是一名解放军战士（图9-4-5）。

幼儿2：我还听到了歌曲里有喇叭、小鼓、手枪、大炮发出的声音（图9-4-6）。

幼儿3：我还听到了喇叭"嘀嘀嗒嗒"的声音和大炮"轰轰轰"的声音。

图 9 - 4 - 5   图 9 - 4 - 6

指导重点：引导幼儿通过欣赏歌曲，了解歌词内容，熟悉歌词。

教师小结：小朋友们听得真仔细！这是解放军叔叔打击敌人的音乐，因此，节奏感很强，非常有力量，听起来非常的威武、雄壮，好像我们就是一名解放军战士，一个小兵，这首歌的名字就叫"这是小兵"。今天，我们就一起学唱这首歌。

(四) 出示图片，了解歌曲内容

教师：这是什么？军号是怎么响的？这是什么？军鼓是怎么响的？那些手枪和大炮又是怎么响的？它们都起到了什么作用？

幼儿结合自身的生活经验和观看的视频内容进行回答，尝试模仿军号、军鼓、手枪、大炮的声音。

幼儿1：军号一响，就要开始打敌人了，军号发出"嘀嘀嗒"的声音。

幼儿2：手枪可以打敌人，发出的是"啪啪啪"的声音。

幼儿3：大炮也可以用来打敌人，向他们开火，大炮发出的是"轰轰轰"的声音。

幼儿4：军鼓敲起来，解放军叔叔听到军鼓的节奏，走步的时候就会走得更整齐。军鼓发出的是"咚咚咚"的声音。

指导重点：引导幼儿通过观看图片，进一步理解歌词内容（图9-4-7、图9-4-8）。

教师小结：军号或者说是喇叭，它会发出"嘀嘀嗒"的声音。当军号被吹响时，解放军叔叔就会发起冲锋，打击敌人。军鼓或者说是小鼓、响弦鼓，它是"咚咚咚"地响。军鼓响起时，解放军叔叔走路的步伐更加坚定而有力。手枪，小朋友们都知道是"啪啪啪"地响，大炮是"轰轰轰"地响，解放军叔叔用它们来打击敌人。

图9-4-7　　　　　　　　　　　　　　图9-4-8

(五) 学唱歌曲

教师：那我们用好听、坚定而有力的声音，一字一句地跟着音乐一起唱一遍歌曲，看看谁唱得最好听，像个精神饱满的小兵。

幼儿能完整、顺利地演唱歌曲，声音坚定而有力，不拖泥带水（图9-4-9）。

指导重点：引导幼儿情绪饱满地演唱歌曲（图9-4-10）。

教师小结：小朋友们唱得真好听！你们都是最棒的小小兵！

图9-4-9　　　　　　　　　　　　　图9-4-10

（六）创编动作与表演

教师：解放军叔叔是怎么吹军号的？谁愿意学一学（图9-4-11）？他们又是怎样敲军鼓的？怎么打手枪和开炮呢？做什么样儿的动作，能让它发出声响？我们加上动作，再表演一次吧！

幼儿发挥想象，模仿相应的动作。

幼儿1手握拳，放在嘴边，做吹号的动作。

幼儿2踏步，双手做出拿鼓锤敲鼓的动作。

幼儿3小手比画着"八"字，当做小手枪，做打枪的动作。

幼儿4双手握拳，手臂伸直，做开炮的动作。

指导重点：引导幼儿根据歌词内容创编动作，动作有力、合拍地进行表演（图9-4-12）。

图9-4-11　　　　　　　　　　　　　图9-4-12

教师小结：今天，我们像解放军叔叔一样，学习他们吹军号、敲军鼓、打手枪、开大炮，打击敌人。你们都特别勇敢，也特别厉害！不仅学会了好听的歌曲《这是小兵》，还变身成一名真正的小士兵。老师为你们感到高兴！

（七）活动自然结束，离场

教师：勇敢的小兵们，咱们一起到外面去打击敌人、保卫家园吧！

指导重点：教师播放音乐《这是小兵》，带领幼儿随着音乐节奏自然离场。

活动反思

（一）活动目标的达成情况

解放军一直是小朋友们非常崇拜的人物。因此，在整个活动中，幼儿兴趣高涨，能积极、主动地参加活动，并合拍、合理地创编动作，进行自我展示，我认为全体幼儿基本上达成了预设目标。

（二）教育策略及方法

在设计本次活动时，我们通过模仿解放军叔叔入场、观看视频、欣赏音乐、再次观看图片等环节，层层递进地帮助幼儿熟悉歌词并理解歌词内容。最后的游戏环节，幼儿参与创编动作的兴趣也非常高，他们都有很多的想法，愿意发挥自己的想象力创编动作。

（三）活动亮点或优势

1. 我为幼儿创设了丰富的情景，提供了多种视听材料，引导幼儿通过视觉、听觉、模仿动作等习得知识，获得新经验。整个活动中，我不仅满足了孩子们的兴趣，还帮助他们达成了想当一名解放军的愿望。

2. 孩子们看过视频后，都觉得解放军叔叔能拿着枪，排着整齐的队伍，大踏步地向前走，非常神气！因此，在听音乐的环节，他们都能像解放军战士一样坐得笔直，认真倾听音乐，并能和我一起做律动作。在最后的游戏环节，幼儿也很活跃，能跟着我一起做动作，虽然有的幼儿动作模仿得不到位，但幼儿整体参与度高，情绪亢奋。活动开展得非常顺利，效果也很好。

（四）活动不足及调整策略

1. 活动不足

（1）个别幼儿动作模仿得不到位，我应该对个别幼儿及时进行有针对性的指导。

（2）在分享与交流过程中，我应该为幼儿提供更多分享与表达的时间和机会，注重提问，引导幼儿表达体验后获得的感受。

（3）后续，可以安排男女生轮流演唱，更多地关注男生与女生的表演，展现男兵和女兵不同的风采。

2. 调整策略

（1）在今后的教育活动中，我一定多观察幼儿在活动中的行为，抓住教育契机，及时进行随机教育。

（2）多给幼儿自我展示和交流的时间和机会，让幼儿更加大胆地表现自己。

活动五：重走长征路（中班）

作者：北京市东城区春江幼儿园　吴亚晴

🖥 活动由来

扫码看彩图 9-5-1

红色文化记载着党和国家光荣的奋斗历史，承载着中国革命先烈们救国图存的无畏精神。传承红色文化的意义不仅在于让幼儿见证革命历史、见证光荣事迹，更是帮助幼儿树立良好的道德标准与行为规范，增强他们对民族文化的自信心与自豪感。为了实现上述目标，我设计了中班幼儿的红色主题健康体育活动"重走长征路"，通过还原红军长征路上的情境，引导幼儿克服长征途中遇到的困难，锻炼幼儿的体魄与意志，培养幼儿对红色文化的认同感，借助长征路上革命英雄与先烈不屈不挠、勇往直前的伟大精神感化幼儿，使他们逐步形成团结合作、不畏困难、勇攀高峰的高尚品德。

🖥 活动目标

1. 了解红军战士在长征途中的艰辛与困难，体会幸福生活来之不易。
2. 通过重走长征路的活动，锻炼匍匐爬行及身体的平衡与协调能力。
3. 培养坚韧不拔、勇于奋斗、不惧艰险的优秀品质，激发爱国热情。

🖥 活动重点

利用体育器械模拟红军长征路上遇到的各种困难，锻炼幼儿在特殊环境下行走、奔跑、匍匐爬等能力。引导幼儿通过体验长征路上艰难困苦的重重阻碍，意识到红军战士不畏艰险、顽强勇敢的意志品质，激发幼儿的爱国热情。

🖥 活动难点

引导幼儿积极参与充满困难与挑战的"重走长征路"的活动中，克服活动中创设的各种阻碍，直观地体验红军在长征途中遇到的各种困难与险境，培养其爱国主义精神。

🖥 活动准备

1. 经验准备：幼儿认识红军，知道红军不怕困难、勇往直前的革命精神。

2. 物质准备：准备垫子、梅花桩、平衡木、滑梯、轮胎等体育器材，五角星贴纸，挑选节奏感强烈的音乐，与长征历史有关的图片。

活动过程

（一）热身活动

1. 队列练习

教师：小红军们，让我们一起展示一下我们的队列吧（图9-5-1）！

指导重点：引导幼儿根据口令迅速完成并队、分队等队伍变化的动作，精神饱满，注意力集中（图9-5-2）。

图9-5-1

图9-5-2

2. 热身运动

教师：让我们一起跟着音乐节奏运动起来吧！

指导重点：引导幼儿跟随音乐节奏，充分活动腿和手臂等部位，开展热身运动（图9-5-3、图9-5-4）。

图9-5-3

图9-5-4

（二）创设"长征之旅"的情境

1. 谈话导入

教师：小红军们，你们有没有听过长征的故事呢？

幼儿1：我听爸爸讲过红军的故事。

幼儿2：电视上有长征的电影，但我没有仔细看。

幼儿3：有关战争的故事很有趣！我想了解一下。

教师：既然大家对长征的故事感兴趣，那么我们今天就体验一下模拟长征之旅的游戏吧！

指导重点：通过谈话导入的方式，调动幼儿参与本次活动的积极性。

2. 讨论长征路上有哪些关卡

教师：红军战士会在长征路上遇到哪些困难与挑战呢？

幼儿1：肯定会有索道。

幼儿2：我看到图片中有草地。

幼儿3：或许还有沼泽地。

教师：小红军们，你们想不想挑战一下各种关卡呢？（想）那让我们一起来看看都有哪些关卡吧（图9-5-5）！

指导重点：通过图片展示的方式让幼儿了解红军长征的历史事件与背景，简要介绍"重走长征路"的价值与意义。向幼儿介绍参与挑战活动的规则，帮助幼儿熟悉活动场景（图9-5-6）。

教师小结：游戏是深受广大幼儿喜爱的活动类型。本次活动采用中班幼儿最为感兴趣的体育游戏形式，对幼儿进行红色爱国主义教育，契合《评估指南》中所倡导的游戏教学法的理念。本次活动中，教师通过对红色文化、英雄人物事迹的讲解调动幼儿参与"重走长征路"活动的热情，并借助场景还原、基础动作讲解的方式让幼儿深刻地理解"重走长征路"的活动内容和意义。

图9-5-5

图9-5-6

（三）深度体验、感受长征精神

1. 过草地

（1）尝试过草地。

教师：小红军们，你们知道怎样通过草地关卡吗？怎样过草地，才能不被敌人发现呢（图9-5-7、图9-5-8）？

幼儿1：我觉得快速跑过去最好了。

幼儿2：肯定慢慢地走最好。

幼儿3：我觉得我们需要伪装起来，慢慢地爬过去。

教师：小朋友们快去试一试，怎样才能安全地过草地？记住，一定不要被敌人发现哟！

指导重点：鼓励幼儿自由探索过草地的方法。

图9-5-7

图9-5-8

（2）学习匍匐爬行过草地。

教师：咱们一起来看看红军叔叔是怎么过草地的吧！那我们一起学学红军叔叔过草地的方法吧！

指导重点：引导幼儿练习匍匐爬的动作，通过匍匐爬的方式克服过草地的困难，完成第一个关卡的挑战（图9-5-9、图9-5-10）。

图9-5-9

图9-5-10

2. 独木桥

（1）尝试过独木桥。

教师：小红军们可真厉害！现在，我们要去挑战第二个关卡了。你们准备好了吗？

幼儿：准备好了。

教师：咱们一起来试试，怎样才能又快又稳地走过独木桥吧！

指导重点：引导幼儿探索走过独木桥的方法，保持身体平衡并快速走过独木桥，掌握基本的过桥方法（图9-5-11）。

（2）同伴示范。

教师：刚才，你遇到了什么困难？你是怎么克服的？谁想来展示一下过独木桥的好方法？

指导重点：引导个别幼儿分享已有经验，教师总结、提升相关经验，鼓励幼儿再次练习（图9-5-12）。

教师小结：通过同伴的分享和教师的提示，幼儿很快就掌握了通过独木桥的方法和技巧。在此过程中，成功地实现了锻炼幼儿身体的协调与平衡能力这一教学目标。

图9-5-11

图9-5-12

（四）游戏：重走长征路

教师：接下来，开始迎接挑战吧，看看谁是优秀的小红军！当你们成功闯过了所有的关卡，可以在终点摘下一颗红星，贴在胸前。现在，开始挑战吧！加油！

幼儿逐一闯过关卡（图9-5-13、图9-5-14）。

指导重点：引导幼儿体验红军长征路上的不易，知道在活动中要遵守规则。

教师小结：你们在活动中能遵守规则、听从指挥，我为你们感到骄傲！

图 9 - 5 - 13

图 9 - 5 - 14

（五）分享与交流

教师：小红军们完成了所有的挑战任务，通过了全部的关卡。你们都体验了什么？有什么样儿的感受？在体验的过程中，你们遇到了哪些困难？又是怎样克服的？你们有什么话想对红军叔叔说的吗（图 9 - 5 - 15）？

幼儿结合刚才的体验，分享自己的感受（图 9 - 5 - 16）。

图 9 - 5 - 15

图 9 - 5 - 16

（六）放松环节

教师：小红军们可真棒呀！咱们一起来放松一下身体吧！

指导重点：带领幼儿听音乐做拉伸动作，有针对性地指导幼儿放松手臂和腿部肌肉。

🔖 活动反思

（一）活动目标达成情况

我通过组织本次"重走长征路"的体育活动，成功地帮助中班幼儿了解了红军走过两万五千里长征路的故事背景与经历，引导幼儿认识到红军长征路程的艰辛与困苦，意识到当下来之不易的幸福生活。本次活动借助形式多样、种类丰富的挑战关卡，带领幼儿体验长征途中的重重阻碍，成功地实现了帮助幼儿练习匍匐爬的运动目标，起到促进中班幼儿身体健康的作用。

幼儿在"重走长征路"的活动中遭遇各种挫折与挑战，始终秉持着勇往直前、不惧困难的精神，完成了各个环节的挑战，激发了幼儿的爱国热情，实现了培养幼儿坚韧不拔、勇于奋斗、不惧艰险等优秀品质的活动目标。

（二）教育策略与方法

教师在开展中班红色体育活动时，结合园本体育资源，融入红色文化，还原长征途中的各种场景，实现调动幼儿了解红色文化的兴趣、增强幼儿对红色文化的认知、深化幼儿对红色文化的认同的教学目标，推动幼儿爱国主义教育与体育活动的融合与发展。

（三）活动亮点或优势

由于爱国主义教育所承载的精神伟大且抽象，许多场面难以用简单的语言进行描述。为了给中班幼儿提供更加直观的活动体验，本次活动采用场景还原、自主体验的方式为幼儿模拟长征路上的场景，让幼儿借助体育活动穿越到红色年代，身临其境地感受红色文化的核心价值，增强中班幼儿对长征历史的认同感与体验感。

（四）活动不足及调整策略

虽然本次中班红色体育活动已经取得较为优异的成果，然而受到体育器械不健全、活动场地较小等问题的影响，幼儿在参与"重走长征路"活动中的运动体验较差。今后，我会通过自制道具、组织户外活动等方式进一步完善红色体育活动的细节，助力幼儿增强爱国主义意识、提高运动技能。

活动六：诗歌《美丽的祖国》（中班）

作者：北京市东城区春江幼儿园　魏佳宁

🖥 活动由来

扫码看彩图 9-6-1

我们的祖国地大物博、幅员辽阔，山河秀美、景色怡人。为了让幼儿了解祖国的美丽与富饶，我们根据幼儿的兴趣点和本班幼儿的发展水平，设计了本次爱国主义教育活动——诗歌欣赏《美丽的祖国》。

活动目标

1. 理解诗歌中"祖国"的含义，知道祖国很大、很美。
2. 感受诗歌的意境美，学习用轻柔、优美的声音朗诵诗歌，尝试仿编诗歌。
3. 热爱祖国，为自己是中国人而感到自豪。

活动重点

学习朗诵诗歌，能用轻柔、优美的声音朗诵诗歌。

活动难点

感受诗歌的意境美，尝试仿编诗歌。

活动准备

1. 经验准备：听过并朗诵过诗歌《美丽的祖国》。
2. 物质准备：小白鹅、小山羊、小燕子、小蜜蜂、小鸭子、小牛、小鸟、小猴子及它们生活环境的图片，PPT 课件，展示祖国大好河山的视频，轻音乐。

活动过程

（一）欣赏诗歌

出示图片，激发幼儿参与活动的兴趣，帮助幼儿初步了解诗歌的内容。

教师：今天，咱们班来了很多的小动物，咱们一起去看看，都有哪些小动物？它们生活在什么地方？

幼儿观察图片中不同动物的生活环境，表达自己观察后的感受。

幼儿1：它们生活在陆地上的。

幼儿2：我见过山羊。我看到它在山上走，它的家应该在山上。

幼儿3：猴子也生活在山上，它可以爬得很高。

幼儿4：它们都生活在大森林里。

教师：你知道这是什么地方吗？这些分别是谁的家？

指导重点：出示河流、山坡、鸟窝、花朵的图片，请幼儿说说是什么地方，分别是谁的家。

教师小结：小动物们都有自己的家，它们在自己的家里快快乐乐地生活着。

（二）朗诵诗歌

播放 PPT 课件，引导幼儿完整地感知诗歌内容，尝试用轻柔、优美的声音朗诵诗歌。

教师：这首诗歌的名字叫什么？小白鹅是怎么说的？小山羊是怎么说的？小燕子是怎么说的（图9-6-1）？小蜜蜂是怎么说的（图9-6-2）？小朋友是怎么说的？谁能用诗歌里的话来说一说？

图9-6-1   图9-6-2

师幼接龙朗诵诗歌，教师说前半句，幼儿说后半句。

幼儿1：祖国有清清的河流。

幼儿2：山羊说"祖国有长满青菜的山坡"。

幼儿3："清清的河流"好像是小白鹅说的。

指导重点：播放音乐，师幼用轻柔、优美的声音共同完整地朗诵诗歌。

（三）仿编诗歌

引导幼儿理解诗歌中事物之间的关系，尝试仿编诗歌。

教师：为什么小白鹅说"祖国有清清的河流"？河流还是谁的家？你能把它的名字放进诗歌里说一说吗？

幼儿1：河流还是小鱼的家。

幼儿2：小鱼说"祖国有清清的河流"。

幼儿3：小牛说"祖国有长满青草的山坡"。

幼儿4：小马也可以说"祖国有长满青草的山坡"。

教师：这是谁？谁来说一说，它们生活在哪里？它们会告诉我们祖国有什么？

幼儿1：小鸟说"祖国有蓝蓝的天空"。

幼儿2：小猴说"祖国有很多的高山"。

指导重点：引导幼儿结合图片，用轻柔、优美的声音朗诵仿编、创编的诗歌（图9-6-3、图9-6-4）。

图 9 - 6 - 3

图 9 - 6 - 4

（四）欣赏美丽的祖国

播放祖国大好河山的视频，让幼儿感受祖国的美丽，产生自豪感。

教师：诗歌里用了一个好听的词语——"祖国"。小朋友们，我们的祖国都有什么？

幼儿1：祖国有五星红旗。

幼儿2：祖国有我们的幼儿园，还有老师和小朋友们。

幼儿3：祖国是我们大家的妈妈。

指导重点：通过学习诗歌，引导幼儿热爱祖国，并为祖国的美丽、富饶而自豪。

教师小结：祖国拥有我们共同的家园。我们应该热爱我们的祖国。

活动反思

（一）活动目标的达成情况

在整个活动中，幼儿兴趣高涨，能安静地倾听教师朗诵诗歌，并能和教师一起有感情地完整朗诵诗歌，基本上达成了预设的目标。

（二）教育策略及方法

中班是幼儿语言发展的重要时期。在活动内容的选择上，教师选择了语言丰富、优美的诗歌《美丽的祖国》，通过通俗易懂的语言以及幼儿熟悉的动物与景物，引导幼儿表达对祖国的热爱，萌生自豪感及归属感。

在活动开始前，教师出示了诗歌中的小动物与其生活环境的图片，通过感受、提问，让幼儿初步理解了事物之间的关系，为之后诗歌的学习打下了基础。在朗诵诗歌时，教师通过重复提问动物与其生活环境之间的关系，让幼儿进一步理解诗歌内容与感受诗歌的美。在仿编与创编诗歌时，教师为幼儿提供了多种动物图片作为提示，帮助幼儿有目的地仿编诗歌，使仿编的诗歌体现知识性和趣味性，让幼儿因祖国的美丽、富饶而骄傲、自豪。

（三）活动亮点或优势

1. 引导幼儿通过朗诵诗歌、仿编诗歌来习得新知识，获得新经验。

2. 活动中，幼儿独立思考，能用完整、连贯的语句表达自己的想法，并尝试大胆仿编诗歌，萌生了热爱家乡、热爱祖国的情感。

（四）活动不足及调整策略

1. 活动不足

教师的引导语还不够简练，容易让幼儿产生歧义。活动中，教师对幼儿的评价也较为单调，缺乏趣味性。

2. 调整策略

教师可以将 PPT 课件里的动物、人物图片制作成动态的，以引起幼儿的注意，增强活动的趣味性。在幼儿朗诵诗歌时，为幼儿选择一些优美、动听的轻音乐作为背景，多提供一些祖国大好河山的图片，让幼儿感受祖国的美丽与富饶，增强幼儿的爱国情感。

活动七：我是小军人（中班）

作者：北京市东城区春江幼儿园　张忠雪

活动由来

扫码看彩图 9-7-1

幼儿园围绕着"童心向党·筑梦未来"的主题开展了红色故事表演活动。活动后，幼儿对解放军这个身份表现出极大的兴趣。平时，孩子们总会好奇地问："军营是什么样子的？军人每天都干什么？"有时，还会听见孩子们说出长大后想成为军人的愿望。中班幼儿喜欢提出问题，行动能力较强，规则意识逐步形成。我结合本班幼儿的兴趣点和发展水平，设计了本次爱国主义教育活动。

活动目标

1. 初步了解解放军并愿意体验解放军的军营生活。
2. 知道在活动中要遵守纪律，遵守游戏规则。
3. 喜爱解放军，愿意主动表达对解放军的热爱之情。

活动重点

愿意体验解放军的军营生活，知道要遵守纪律和规则。

活动难点

能接受并完成挑战任务。

活动准备

1. 经验准备：幼儿认识解放军，知道解放军有不怕困难的精神。

2. 物质准备：视频、图片、音乐、五角星贴纸、小军营 4 个体验区、玩具枪若干、海绵爬行垫、独木桥、计时器等。

活动过程

（一）图片引入，激发幼儿兴趣

教师：小朋友们，你们都穿上了军装，那你们就是小军人了，今天，就要真正体验一回如何当一名小军人。你们在哪里见过解放军叔叔？他们都在干什么？我们先一起来看一看，图片中的解放军叔叔都在干什么？看了这些图片，你有什么感受（图 9-7-1、图 9-7-2）？

图 9-7-1

图 9-7-2

幼儿观察图片中的解放军叔叔在干什么，表达自己观察后的感受。

幼儿 1：解放军叔叔在阳光下训练，我觉得他们很辛苦。

幼儿 2：我看见敌人来了，解放军叔叔在打仗。我觉得他们很勇敢，不怕危险。

幼儿 3：洪水来了，解放军叔叔去抗洪、援救受困的人。解放军叔叔们很伟大，哪里有困难，哪里就有他们。

幼儿 4：冰天雪地里，解放军叔叔在国界碑旁站岗，保卫着我们的祖国。

指导重点：鼓励幼儿大胆地表达自己的想法和感受，激发幼儿对解放军叔叔的崇敬之情。

教师小结：这么寒冷的天气，解放军叔叔像螺丝钉一样，一动不动地站岗，守护着我们的祖国。他们每天这么艰苦地训练，就是为了当灾难来临或敌人入侵的时候，能第一时间冲上前线，保护我们和我们的家园。哪里有困难，哪里就有解放军的身影。看了这几张照片，我觉得作为中国人，特别骄傲。

（二）与军人互动、交流——了解军人生活

教师：你们想不想见见真正的解放军呀？现在，我们就用热烈的掌声有请解放军爷爷。先请解放军爷爷介绍一下自己。小朋友们，你们有什么问题想问解放军爷爷的，听完介绍之后，可以自由提问（图 9-7-3、图 9-7-4）。

图 9-7-3

图 9-7-4

幼儿结合自己的经验勇敢地向解放军爷爷提问并互动。

幼儿1：爷爷，解放军是干什么的？

解放军爷爷：中国人民解放军是由陆军、海军、空军、火箭军、战略支援部队、联勤保障部队等军种组成。不同的军种，负责不同的军事任务。但是，作为解放军，主要的任务就是捍卫祖国的领土、保护人民的安全。

幼儿2：爷爷，军营是什么样子的？

解放军爷爷：部队有着严格的纪律，每一名军人都要服从命令、听从指挥。因此，军营里是整齐划一的，这是我们的宿舍。小朋友们，你们也有物品柜，对吗？看看这些图片，这是我们的物品柜，柜子的每一层放什么东西，都是有统一要求的；这是我们的被子，被子要叠得非常整齐，像一块豆腐；这是我们的训练场，这里有各式各样的训练器械，军营里还有武器装备。

幼儿3：解放军爷爷，你们每天在部队里干什么？

解放军爷爷：我们都住在军营里，每天在这里生活、学习军事知识、进行军事训练，这些都是特别重要的任务。我们有队列训练，还有格斗、射击等训练。我们还会外出执行任务。晚上，你们都睡觉的时候，我们会端着枪，一动不动地站岗、放哨。我们每天艰苦地训练和值守，就是为了能保护国家和人民的安全。

指导重点：引导幼儿通过互动进一步了解解放军的军营生活。

幼儿4：解放军是怎么踢正步的？

解放军爷爷：我来为小朋友们演示一下。

教师小结：解放军们为了保卫国家和人民，再辛苦，都不怕，快给他们鼓鼓掌吧！

（三）我是小小兵——体验军人生活

教师：刚才，听了解放军爷爷的介绍，你们想不想当一回小军人啊？今天，咱们也来体验一次军人生活。你们看，在咱们的小军营里有4个体验区（图9-7-5）。

1. 游戏"阅兵训练营"

教师：解放军爷爷刚才是怎么走正步的呀？哪个小朋友愿意为我们示范一下？在这里，老师设置了一条红线，小军人的脚要抬到红线的位置，不能超过红线。走正步的时候，要挺胸、抬头。

教师带领幼儿模仿解放军走正步的动作（图9-7-6）。

图9-7-5　　　　　　　　　　　　　　　图9-7-6

2. 游戏"穿越烽火线"

教师：小军人们要进行实战演习（图9-7-7、图9-7-8）。你们需要从迷彩拉网下爬过去，注意不要触碰迷彩拉网上的铃铛，否则铃铛一响，就容易让敌人发现。看看谁是勇敢的小士兵。

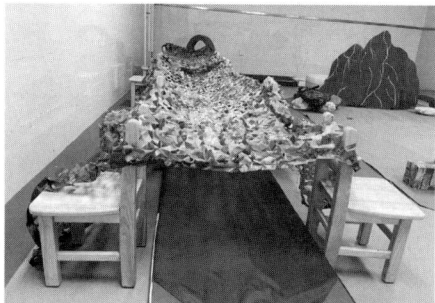 

图9-7-7　　　　　　　　　　　　　　　图9-7-8

3. 游戏"小小军火库"

教师：这里有各式各样的军事武器，小朋友们可以试一试（图9-7-9、图9-7-10）。

图9-7-9

图9-7-10

4. 游戏"士兵执勤岗"

教师：小朋友们可以来这里体验军人站岗（图9-7-11）。谁愿意给我们示范一下军人是怎么站岗的？站岗的时候，要目视前方，一动不动（图9-7-12）。

图9-7-11

图9-7-12

教师：当你们每完成一项体验后，就可以从体验区摘下一颗红色的五角星，贴在胸前，一共要完成4个体验任务。只有你的胸前贴够4颗五角星后，才算完成任务。刚才，解放军爷爷也说了，作为军人，第一，要遵守纪律。你们要按照体验区的规则进行体验。第二，要听从指挥。当听见哨声响起时，小朋友们就要迅速回到座位上坐好。现在，军人生活体验正式开始。加油！小军人们！

幼儿自主选择区域进行体验，完成一个任务后，摘下一枚红色五角星贴纸，贴在胸前的衣服上。

指导重点：引导幼儿体验解放军的军营生活，知道在活动中要遵守规则。

教师小结：在活动中，小军人们能够遵守规则，听从指挥。我为你们感到骄傲！

（四）分享与交流——表达体验的感受

教师：小军人的体验活动结束了。你们都体验了什么？有什么感受？在体验的过程中，你们遇到了什么困难？你们是怎么克服的？你们体验了解放军的军营生活后，有什么样儿的感受？有什么话想对解放军叔叔说吗（图9-7-13）？

幼儿结合刚才的体验分享自己的感受（图9-7-14）。

图9-7-13

图9-7-14

幼儿1：我在站岗、放哨的时候，特别累，胳膊都酸了，但是我像钉子一样，一动不动。

幼儿2：打仗的时候，对面的人很多，但是我没有害怕，拿起枪，保护我的营地。

幼儿3：我当了站岗的小军人，我觉得特别自豪！以后，我也想当解放军，保卫我们的祖国。

幼儿4：我觉得解放军真勇敢！困难来了，也不害怕。解放军爷爷辛苦了，我爱您！

幼儿5：我看见了好多枪。我觉得我们的祖国真厉害！

指导重点：引导幼儿感受解放军不怕苦、不怕累、勇敢、坚强、遵守纪律的精神风貌，感受中国军事的强大，为祖国感到自豪。

教师小结：解放军遇到困难，从不退缩，勇敢向前冲，保卫着我们的祖国。请小朋友们起立，向他们致敬！

（五）活动延伸——唱军歌，向解放军致敬

教师：现在，大家共同演唱《军营之歌》（图9-7-15、图9-7-16）。

图 9 - 7 - 15

图 9 - 7 - 16

活动反思

(一) 活动目标的达成情况

在整个活动中，幼儿兴趣高涨，能积极、主动地参与军营体验活动，遵守游戏规则。活动后，也能主动表达对解放军的热爱。我认为本班幼儿基本上达成了预设的目标。

(二) 教育策略及方法

在设计本次活动时，为了达成这三个目标和活动重、难点，我对活动准备、活动环节等方面进行了精心的设计。在第一个环节中，我引导幼儿通过观看解放军抗震救灾、刻苦训练的图片和有效的提问，如"看了这些照片，你有什么感受"，引发幼儿思考，激发幼儿对解放军的好奇，增强幼儿对解放军的热爱之情。幼儿是通过体验、交流的方式获得新经验的。因此，我邀请了解放军爷爷来班里与幼儿互动、交流，并创设了军营生活的 4 个体验场景，通过角色扮演和任务挑战的方式，引导幼儿进一步了解解放军并体验解放军的生活。在介绍体验项目时，我通过军人示范和个别幼儿示范的方式帮助幼儿了解游戏规则。最后，分享与交流环节，我对幼儿提问："体验后，你有什么感受？你有什么话想对解放军叔叔说吗？"通过提问提升了幼儿的经验，引导幼儿感受解放军不怕苦、不怕累、勇敢、坚强的精神，鼓励幼儿表达对祖国和解放军的热爱之情。

本次活动中，我引导幼儿与军人互动，采用游戏体验的方式，帮助幼儿突破本次活动的重、难点。在体验环节，我借助集合号、计时器等材料，更好地帮助幼儿在活动中感受规则，引导幼儿遵守规则，通过完成军营体验任务后能获得 4 张五角星贴纸的奖励措施，鼓励他们接受并完成了挑战任务。

(三) 活动亮点或优势

1. 我为幼儿创设了军营的情景，引导幼儿通过游戏体验来习得新知识、获得新经验。整个活动中，我不仅满足了孩子们的兴趣，还帮助他们达成了想当一名解放军的愿望。

2.《指南》中指出："幼儿的社会性主要是在日常生活和游戏中通过观察和模仿潜移默化地发展起来的。"我为幼儿创造了一个能近距离地与军人互动的机会，幼儿通过观察军人的言行举止，潜移默化地模仿与学习。

3. 我邀请了我们班一名军人家长来参加活动，与幼儿互动，帮助幼儿习得知识，实现了家园联动、共同教育的目标。

（四）活动不足及调整策略

1. 活动不足

（1）今天，幼儿进行了射击体验后，个别幼儿没有将枪放回原处，其实这是一个巩固幼儿遵守规则的教育契机，我没有及时地进行指导。

（2）在分享与交流的过程中，我应该为幼儿提供更多分享与表达的时间和机会，着重通过提问引导幼儿表达体验后的感受。

2. 调整策略

（1）在今后的教育活动中，我一定多观察幼儿在活动中的行为，及时进行随机教育。

（2）我应该根据幼儿的回答，进行追问："谁还有哪些不一样的感受？你有什么话想对解放军叔叔说？"引导幼儿表达自己内心最真实的感受。

活动八：一双草鞋（中班）

作者：北京市东城区春江幼儿园　王　曼

活动由来

扫码看彩图 9-8-1

革命先烈的献身精神一直感染和鼓舞着每个中国人，这种精神也需要传递给祖国的下一代。因此，红色基因的传承在幼儿园的教育活动中十分重要。怎样才能通过一节活动让孩子们有所感动、有所收获？这是我在设计本次活动前需要认真思考的。

实践是收获感受的最佳途径。因此，我选取红军长征途中有代表性的实物——"草鞋"作为本次活动的载体，幼儿通过观察、体验并与其互动来实现相关目标。中国红军穿着草鞋，行走在长征的路上，雪山、草地、铁索桥等场景深入人心，艰苦、危险的环境与红军们勇往直前的行动是很好的红色素材，可以适度选取相关内容，创设相关情景，引导幼儿感受与体验。

活动目标

1. 了解草鞋与红军长征的联系，穿草鞋感受并发现红军长征路上生活条件的艰苦。

2. 知道在活动中要遵守纪律和游戏规则。

3. 知道幸福生活来之不易，萌生对中国红军两万五千里长征壮举的敬佩之情。

活动重点

穿着草鞋，在场景中，通过游戏亲身感受与体验红军长征路上生活条件的艰苦。

活动难点

能认识到红军穿着草鞋走长征路的艰苦，萌生对中国红军长征这一壮举的敬佩之情。

活动准备

1. 经验准备：幼儿在活动前大致了解了什么是长征。

2. 物质准备：草鞋每人一双，五角星贴纸若干，PPT 课件，教师创设红军爬雪山、过草地、走铁索桥等场景，集合号，计时器，有关红军长征电影节选的视频。

活动过程

（一）谈话导入，激发兴趣

教师：小朋友们，今天，你们不仅穿上了小红军的衣服，脚上还穿上了小红军的草鞋。现在，草鞋穿在你的脚上，你有什么感受？快站起来走一走、试一试吧（图 9-8-1）！

幼儿结合实际感受表达自己的想法。

幼儿 1：草鞋有些扎脚，没有我的运动鞋舒服。

幼儿 2：我感觉草鞋穿在脚上挺轻的，就是有些凉飕飕的。

幼儿 3：捆绑草鞋用的绳子可真勒脚呀（图 9-8-2)！

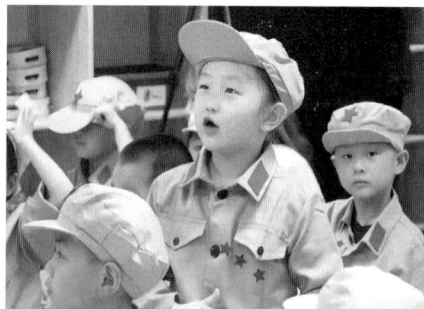

图 9-8-1　　　　　　　　　　图 9-8-2

教师小结：草鞋是用干草拧成绳子、编织而成的，有些扎脚、勒脚，还四处漏风，不太保暖。

（二）发布任务，穿草鞋走"长征路"

教师：在上次的活动中，老师给你们讲了红军叔叔长征的故事，你们还记得吗？那红军叔叔穿着草鞋，走在长征的路上，经过了哪些地方呢？今天，我们也要完成几段长征路，一起来看看都有哪些地方（图9-8-3）。

图9-8-3

幼儿回忆红军长征途中走过了几个极其艰险的地方，关注自己的游戏任务。

幼儿1：红军叔叔长征路上走过了有好多沼泽的草地、非常冷而且高高的大雪山。

幼儿2：他们还走过了没有桥板的铁索桥。我记得桥下边就是江水，特别危险！

幼儿3：咱们幼儿园的"雪山"上边没有雪，但感觉很滑，不太好爬呀！

幼儿4：看！"草地"上还有敌人设置的机关。一会儿，我们爬的时候千万不能碰到，一定要压低身体。

幼儿5：我有点儿害怕走"铁索桥"，它看起来有些高，我怕高……

指导重点：鼓励幼儿大胆表达自己的想法和感受，激发幼儿向红军叔叔学习的兴趣。

教师小结：引导幼儿对比红军叔叔走过的长征路和为幼儿创设的"长征路"有哪些相似之处，激励幼儿敢于迎接挑战。

（三）我是小红军，体验长征路

教师：小红军们，我们今天分成3个小队，分别完成不同路线的长征行军任务挑战吧！完成一项，就可以获得一张五角星贴纸。

指导重点：幼儿自由分组，明确挑战任务，说明游戏规则，引导幼儿体验红军长征途中遇到的困难，知道在活动中要遵守游戏规则。

1. 爬雪山

教师：怎样才能翻过滑滑的"大雪山"？手要抓牢，脚要踩稳，注意爬到山顶后，不要直接跳下来，安全第一。每队队员都要翻过雪山后，才能前往下一个行军任务点，看看谁是勇敢的小红军。

幼儿列队，集合好后，逐一越过"雪山"（图9-8-4、图9-8-5）。

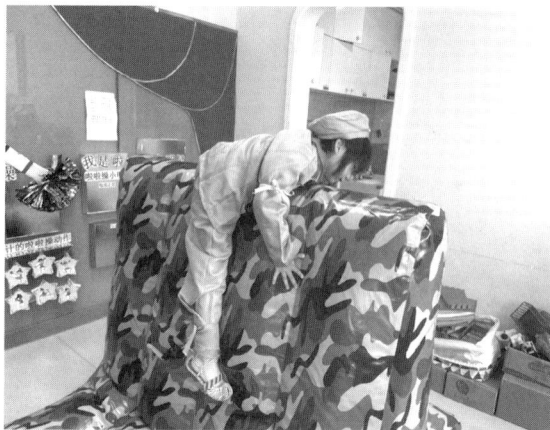 

图9-8-4 图9-8-5

2. 过草地

教师：小红军们，你们需要压低身体，爬过"草地"。注意不要触碰迷彩拉网上的铃铛，避免被敌人发现。看看谁能顺利地完成任务（图9-8-6、图9-8-7）。

图9-8-6 图9-8-7

3. 走铁索桥

教师：这里的"铁索桥"高低起伏，注意脚下，别踩空。

幼儿在架高的梯子上手脚或手膝并用爬行，顺着一个方向走过长长的"铁索桥"（图9-8-8）。

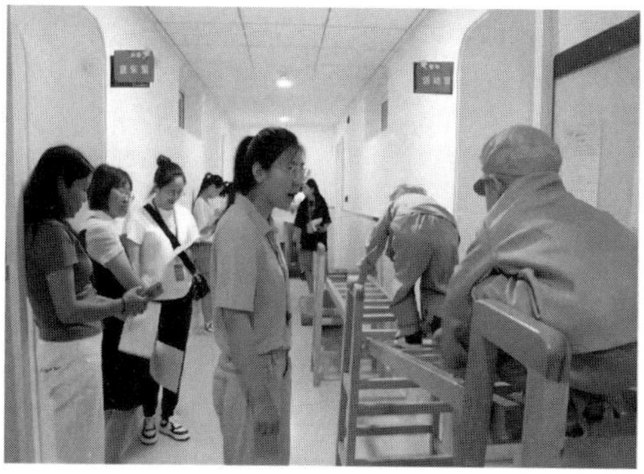

图9-8-8

教师小结：在活动中，小红军们都能遵守规则，听从指挥。我为你们感到骄傲！

（四）分享与交流

教师：小朋友们，你们分别获得了几颗五角星贴纸？穿着草鞋，走长征路，你有什么感受？你遇到了哪些困难？你是怎么克服的？

幼儿结合刚才的游戏体验，分享自己的感受。

幼儿1：我在爬雪山的时候，一开始怎么爬都爬不上去，脚被草鞋扎得很难受，总是爬到一半，就滑下来。但是，大家一直在给我加油，最后，我使足了劲儿，终于翻过去了。

幼儿2：我在过草地的时候，爬到一半，头碰响了铃铛。旁边的好朋友赶紧用手压低了我的头，这才顺利过了关，真是太谢谢她啦！

幼儿3：我走铁索桥的时候，特别害怕！脚趾头从草鞋的缝隙里顶了出来，磨得很疼。爬到铁索桥的最高处时，我不敢下来。我一边流眼泪，一边哆哆嗦嗦地赶紧爬了下来。

幼儿4：我觉得红军叔叔穿着草鞋走长征路时，遇到的危险和困难比我们大多了。他们太不容易了！

幼儿5：我的脚已经磨红了，红军叔叔比我们走得远，他们的脚肯定更难受、更疼。我想对红军叔叔说声"谢谢"！

指导重点：引导幼儿在感受后进行分享，感受红军穿着草鞋走长征路的不易与艰辛。

教师小结：红军们穿着草鞋走过困难重重的长征路，从不退缩，一直奋勇前进，保卫祖国和人民，让我们向他们致敬！

（五）播放视频，感受红军精神

教师：红军叔叔穿着草鞋走的长征路可比我们走得远多了，艰苦多了。我们一起看看，他们在长征路上都遇到了哪些艰难与险阻呢？

幼儿通过观看视频直观感受红军穿着草鞋走长征路的艰难与险阻。

幼儿1：有的红军叔叔在行军时，脚被草鞋磨破了，还一直坚持，跟着大部队前进，他们真能吃苦！

幼儿2：雪山那么冷，我脚上穿着草鞋，感觉凉飕飕的，他们的脚一定冻坏了，他们忍着疼，还继续向前走，他们真勇敢！

教师小结：为了保卫祖国、为了让人民过上幸福与平安的生活，红军叔叔们在那么艰苦的环境下，穿着草鞋，走完两万五千里长征路，简直太伟大了！咱们现在的幸福生活真是来之不易啊！

教师鼓励幼儿回家后，将今天自己穿草鞋学习红军叔叔走长征路的经验与家人分享。

活动反思

（一）活动目标的达成情况

在整个活动中，幼儿情绪高涨，在游戏中充分感受与体验，能够遵守游戏规则，对比感受并发现红军叔叔穿着草鞋走长征路的艰辛与困苦。我认为本班幼儿基本上达成了本次活动预设的目标。

（二）教育策略及方法

在设计本次活动时，我为了达成这三个目标，在活动准备、活动环节方面进行了精心的准备与设计。在第一个环节中，我引导幼儿穿上草鞋，亲自感受，并提问："草鞋穿在你的脚上，你有什么感受？"借此引发幼儿表达，充分讲述穿着草鞋和普通鞋子的不同。

幼儿是通过体验、交流的方式获得新经验。因此，我创设了红军长征路上的三个不同的场景，通过角色扮演和任务挑战的方式引导幼儿穿着草鞋走过红军长征路，体验穿草鞋行军的不易。在游戏开始前，我运用了展示图片不同局部特写的方法帮助幼儿了解游戏规则。最后的分享与交流环节，我提问幼儿："你穿着草鞋走长征路时，遇到了什么困难？你是怎样克服的？有什么感受？"引导幼儿感受红军不怕苦、不怕累、勇敢、坚强的精神，鼓励幼儿表达对红军的敬佩之情。

本次活动中，我通过创设红军长征路上不同的场景、情景游戏体验及观看视频并分享的方式，帮助幼儿突破了本次活动的重、难点。在体验环节，我利用集合号、计时器等辅助材料，更好地帮助幼儿遵守游戏规则，通过完成任务后能获得五角星贴纸的奖励措施，鼓励幼儿接受并完成挑战任务。

（三）活动亮点或优势

1. 我抓住"草鞋"这一红色元素，为幼儿创设了长征路上的几个场景，引导幼儿通过亲身体验来习得知识，获得新感受与新体验。整个活动中，我不仅满足了孩子们的兴趣，还帮助他们感受到了红军长征路上的艰辛与困苦。

2. 《指南》中指出："幼儿的社会性主要是在日常生活和游戏中通过观察和模仿潜移默化地发展起来的。"我为幼儿创造了一个同伴间能互相鼓励、互相模仿学习与实践的机会，并取得了良好的教学效果。

3. 我通过图片、视频引导幼儿对比游戏环境与材料的方法，让幼儿体会并发现红军穿草鞋行军的艰苦，萌生对红军的崇敬之情。

（四）活动不足及调整策略

1. 活动不足

（1）在完成任务挑战的过程中，个别幼儿存在不注意时间、没有到指定地点集合的情况，我应该抓住这个教育契机，及时引导幼儿遵守游戏规则。

（2）在分享与交流的过程中，我应该为幼儿提供更多分享与表达的时间和机会，同时注重提问与引导，让幼儿表达体验后的感受。

2. 调整策略

在今后的教育活动中，我需要注意班里另外两位教师的分工及站位，确保她们能够及时提示与指导幼儿。

活动九：我是小小兵（中班）

作者：北京市东城区春江幼儿园　王　笛

🖥 活动由来

扫码看彩图 9-9-1

本次活动是在班级红色主题活动"中国娃"下开展的子主题活动。活动前，孩子们听了红色故事，了解了抗战小英雄的事迹，他们对军人的身份充满了兴趣，争相模仿军人手拿枪、吹冲锋号等动作。因此，我结合本班幼儿的兴趣点和幼儿的发展水平，设计了本次教育活动。

🖥 活动目标

1. 会唱歌曲，能根据歌词内容创编小士兵的动作。

2. 感知音乐节奏的快慢，能跟随音乐节奏进行游戏。

3. 能掌握音乐游戏的玩法，体验与同伴共同游戏的快乐。

活动重点

能根据歌词内容创编小士兵的动作。

活动难点

能听音乐分辨音乐节奏的快慢，并快速做出相应的动作。

活动准备

1. 经验准备：幼儿会唱歌曲《我是勇敢小兵兵》。

2. 物质准备：音乐播放器，音乐《我是勇敢小兵兵》《红星闪闪》《集结号》。

活动过程

（一）进场

教师：小小兵们，请跟着音乐节奏做出你喜欢的小士兵的动作，一起游戏吧！

幼儿跟随音乐节奏做出小士兵端起枪射击、敬礼、冲锋的动作（图9－9－1、图9－9－2）。

指导重点：教师播放音乐《红星闪闪》，引导幼儿按照音乐的节拍有节奏地踏步走，鼓励幼儿自主做出小士兵的动作。

图9－9－1

图9－9－2

（二）探索新知，感受音乐

1. 欣赏第一段乐曲，说一说自己的感受

教师：在上次活动中，我们学唱了《我是勇敢小兵兵》的歌曲。现在，请你们再来听一听，歌曲都唱了什么（图9－9－3）？

幼儿1：我是勇敢小小兵，我会打锣鼓。

幼儿2：我会吹喇叭，嘀嘀嗒、嘀嘀嗒。我会开手枪，叭叭、叭叭。

教师：小朋友们听得可真仔细！听到这首歌曲的时候，小小兵可以做什么动作？

幼儿1：歌曲唱到投炸弹时，可以做出用手投炸弹的动作（幼儿一手举起，模仿投炸弹的动作）。

幼儿2：还有吹喇叭的动作（幼儿边唱边双手举起，做吹喇叭的动作）（图9-9-4）。

指导重点：鼓励幼儿听音乐，用肢体动作感受并表达歌曲内容。

教师小结：小朋友们真棒！能根据歌词内容，做出这么多小小兵的动作。

图9-9-3　　　　　　　　　　　　　　　　图9-9-4

2. 欣赏第二段乐曲，感受与第一段乐曲的不同

教师：请小朋友们再次欣赏音乐，说说这段音乐与上一段音乐的相同和不同之处。

幼儿：第一次听到的音乐慢，第二次听到的音乐快。

教师：这位小朋友的耳朵听得可真清楚！没错，第一次播放的音乐节奏是慢的，第二次的音乐节奏是快的。那么，音乐慢时，小小兵可以做什么动作？音乐快时，可以做什么动作？

幼儿1：音乐慢时，可以踏步（幼儿踏步）。快时，可以跑起来（幼儿小跑）（图9-9-5）。

幼儿2：慢时，敲小鼓是咚、咚、锵、锵。快时，是咚咚锵锵（幼儿做敲鼓的动作由慢变快）。

指导重点：引导幼儿听音乐感受音乐节奏的快慢，并鼓励幼儿根据歌曲内容随着音乐节奏的快慢做出相应的动作。

教师小结：音乐慢时，小小兵可以随着音乐节奏，挺胸、抬头、踏步走。音乐快时，可以随着音乐节奏小跑步。音乐快时，吹喇叭、敲小鼓、开手枪（图9-9-6）、投炸弹的动作也会随着音乐节奏变快。

图 9 - 9 - 5   图 9 - 9 - 6

（三）音乐游戏"我是小小兵"

1. 初步了解游戏玩法

教师：下面，我们将跟随音乐一起玩好玩的抢椅子游戏。请小小兵们按照标志线，用椅子围出一个圆形训练场。

游戏玩法及规则：

小小兵们站到椅子围成的圆圈外面。音乐响起，小小兵们随着音乐节奏的快慢，有节奏地一个跟着一个围着椅子转圈走，并做出相应的动作。当音乐停止时，迅速坐在椅子上，看看哪个小小兵反应最迅速。

指导重点：引导幼儿听清游戏规则，遵守游戏规则。

2. 第一次游戏：音乐《我是勇敢小兵兵》（慢速版）

教师：全体小兵兵仔细听音乐，按照音乐节奏根据歌曲内容做出相应的动作。音乐停时，快速找到椅子坐好。

幼儿随着音乐节奏踏步走（图 9 - 9 - 7），根据歌词内容做出相应的小兵动作。

指导重点：引导幼儿按照音乐节奏踏步走，并做出相应的小兵动作，能遵守游戏规则。

3. 第二次游戏：音乐《我是勇敢小兵兵》（快速版）

教师：请小小兵们再次听音乐，按照音乐节奏根据歌曲内容做出相应的动作。音乐停时，快速地找到椅子坐好。

幼儿随着音乐节奏小跑步，根据歌词内容做出相应的小兵动作。听到音乐停时，迅速找到椅子坐好（图 9 - 9 - 8）。

教师：刚才，最先坐到椅子上的小朋友，你用了什么好方法，这么快就找到了椅子？

幼儿：我认真听音乐，当音乐停的时候，赶快跑，坐到了离我最近的椅子上。

指导重点：引导幼儿按照音乐节奏小跑步并做出相应的小兵动作，鼓励同伴间互相学习好方法。

教师小结：你真棒！其他小朋友都来学习这个好方法。

4. 第三次游戏：音乐《我是勇敢小兵兵》（慢速版、快速版）

教师：经过练习，小小兵们都能快速而准确地找到椅子。这次，游戏难度升级了。请小小兵们根据音乐节奏的快慢变换动作。当音乐停止时，能迅速抢到椅子并坐好。

大多数幼儿在音乐停止时，都找到椅子坐好了，只有三个小朋友没有抢到椅子。

教师：这三个没有抢到椅子的小朋友不要着急。咱们先来听听抢到椅子的小朋友用了什么好方法，咱们好好学习学习，争取下次也可以快速地抢到椅子。

幼儿：我一边跑，一边用眼睛找椅子。当音乐停止时，快速地找到离我最近的椅子，坐在上面。

教师：老师相信你们三个学了这个好方法之后，一定可以成功的，加油！

指导重点：引导幼儿按照音乐节奏的快慢变换相应的动作，并掌握抢椅子的好方法。

图 9-9-7 　　　　　　　　　　图 9-9-8

（四）活动结束——听音乐有序退场

教师：小小兵们快听，集结号吹响了，快速列队，让我们听着音乐，一起去进行下一场训练吧！

指导重点：教师先播放音乐《集结号》，引导幼儿听音乐，按指令集结，排好队；再播放音乐《红星闪闪》，引导幼儿跟随音乐节奏有序退场。

🔖 活动反思

（一）活动目标的达成情况

本次音乐游戏活动达成了活动目标，幼儿能够在听音乐的环节，感知音乐节奏的快慢，做出相应的小兵动作，完成游戏。活动中，幼儿不仅掌握了音乐游戏的玩法，还体验了与同伴共同游戏的快乐。

（二）教育策略及方法

1. 教学语言策略

在音乐游戏活动中，我创设了良好的音乐情境，以激发幼儿对音乐游戏的兴趣。比如，"小小兵们，请跟着音乐做出你喜欢的小士兵的动作，一起去游戏吧！"

2. 对比游戏策略

游戏是幼儿最感兴趣的活动形成。针对这一特点，我选择了节奏对比强烈的音乐，引导幼儿倾听并重点提问："这两段音乐一样吗？哪里不一样？"帮助幼儿提高辨别音乐节奏的能力，加深对音乐的感受与体验。

3. 激发兴趣策略

我根据幼儿喜欢模仿的特点，调动幼儿的积极性，如"歌曲里唱了什么？小士兵可以做哪些动作呢"，鼓励幼儿争相模仿小士兵的动作，大胆地展示和表现自己。

4. 竞赛游戏策略

幼儿表现欲强，喜欢听到鼓励和夸奖，喜欢成功。教师利用幼儿好胜的心理特点，采用竞赛类游戏——"抢椅子"，增加游戏的趣味性。

（三）活动亮点或优势

本次活动的导入环节，幼儿身穿海魂衫，化身小小兵，在《红星闪闪》的音乐声中踏着有力的步伐，端着枪、敬着礼，歌声嘹亮地进场。这一切让幼儿身心愉悦，情绪高涨。音乐激发了幼儿参与游戏的兴趣。随着音乐的结束，幼儿也自然落座。

我认为音乐欣赏活动必须设计"听"的环节，结合中班幼儿的年龄特点，以对比发现两次音乐的不同点和相同点设定为本次活动的目标，鼓励幼儿根据歌词内容和节奏模仿小士兵的动作。游戏环节层层递进，第一次听慢节奏的音乐，引导幼儿初步理解游戏规则；第二次听快节奏的音乐，引导幼儿在掌握游戏规则的基础上体验抢椅子的乐趣；第三次游戏由慢节奏递进到快节奏，让幼儿感受音乐节奏变化的同时，能根据音乐节奏快慢变化动作进行抢椅子的游戏。游戏过程中，我能够关注没有抢到椅子的幼儿情绪，鼓励他们学习同伴的好方法，勇敢、不怕困难，一定能成功。在游戏中，我引导幼儿感知了音乐节奏的快慢，学习了小士兵的动作，培养了幼儿勇敢、自信、不怕困难的良好品质。整个游戏过程中，幼儿兴趣十足，参与度高。

（四）活动不足及调整策略

在最后的游戏环节"抢椅子"的过程中，有一些幼儿只专注于听音乐、在音乐停的时候去抢椅子，从而忽略了根据歌曲内容模仿小士兵做动作的要求。此时，我应该着重引导幼儿"小士兵做了哪些动作？你刚才游戏时，做了什么动作？我们互相学习一下，看看谁做的动作更像一名小士兵"，鼓励幼儿互相模仿学习。

活动十：小小情报员（大班）

作者：北京市东城区春江幼儿园　崔　静

扫码看彩图 9-10-1

🖝 活动由来

在信息发达的时代，幼儿往往不能理解抗日战争时期八路军战士们为了传递信息而付出的沉重代价，他们团结一心、舍生忘死的付出，才有了我们现在的美好生活。为了能让幼儿在游戏中感受红色文化历史，我在前期开展了"情报员"的相关活动，通过讲述红色故事《鸡毛信》，让幼儿认识了聪明、机智的海娃，对传递情报表现出了极大的兴趣。因此，我围绕红色教育主题设计了本次教育活动——"小小情报员"。

🖝 活动目标

1. 练习双人合作传接球的动作技能。
2. 通过合作游戏，发展身体动作的灵活性与协调性。
3. 增强合作意识，培养集体荣誉感，体验合作玩球的快乐。

🖝 活动重点

在游戏中，体验合作传球并掌握相关动作技能。

🖝 活动难点

游戏过程中，注意传球的准确度和速度，学会控制手部发力的力度，锻炼手眼的协调能力。

🖝 活动准备

1. 经验准备：幼儿有过双人传接球的经验。
2. 物质准备：篮球、篮球架，标志线，道具（小树、小桥、门洞、小红星等），口哨，音乐。

🖝 活动过程

（一）热身运动

教师：小情报员们，你们准备好接受新任务了吗？在收集情报之前，让我们一起活动一下我们的身体吧！

幼儿听口哨入场，进行队列练习，在教师的带领下进行热身运动。

指导重点：引导幼儿集中注意力进行队列练习和热身运动，调动幼儿的积极性，主动参加活动。

教师小结：在战争中，人们为了传递信息，会将信藏在不同的地方，像聪明的海娃，把信藏在了软软的羊尾巴里，躲过了鬼子的搜查。今天，我们要化身小小情报员，传递藏在球里的重要信息，相信每一位小小情报员都能成功！

（二）初级情报员——探索方法

教师：要想成为一名优秀的情报员，就要准确、快速地传递情报，怎样才能做到呢？你有什么好方法吗？

幼儿自由发言，讨论传接球的好方法。

幼儿1：两个人都把球往地上砸，就能成功传递。

幼儿2：我们做操的时候，用地滚球的方法，也能把球传给对方。

指导重点：鼓励幼儿尝试不同的双人传接球方法（图9-10-1、图9-10-2）。

图9-10-1

图9-10-2

教师：你们用了什么好方法？你们是怎样传球的？出现了什么问题？请你们演示一下。你们觉得哪种方法能快速地传递情报呢？

两名幼儿进行示范，分享传接球的好方法。

幼儿1：我们两个人同时往上扔的时候，成功了。但是，有的时候，会接不到球。

幼儿2：我们两个人都往地上砸球，成功了！

幼儿3：我们两个蹲下来，把球滚给对方，这样很容易成功。

指导重点：引导幼儿尝试并发现双人传接球的多种方法。

教师小结：原来有这么多方法可以传递情报，小情报员们，你们真棒！恭喜你们通过了初级情报员的考验！接下来，让我们一起来迎接中级情报员的考验吧！你们准备好了吗？

（三）中级情报员——双人练习

1. 听音乐，练习双人抛接球

幼儿两人一组，听音乐，尝试用抛接球的方法完成双人传接球（图9-10-3）。

教师：通过刚才的练习，我们迎来了中级测试。接下来，请小朋友们按照手中球的颜色分为两组。我们要用最快的速度交换情报，一起来试一试吧！

指导重点：鼓励幼儿大胆尝试，关注个别能力较弱的幼儿。

图9-10-3

2. 分享好方法，再次尝试

教师：在传球时，怎样才能传得又快又准呢？你有哪些小窍门呢？

幼儿自由讨论传球小窍门。

幼儿1：眼睛要一直看着对方的球，才能接住对方的球。

幼儿2：可以用两个人喊口号的方式传球，一起喊"1、2、3"，然后同时把球扔出去。

幼儿3：扔球的时候，也要注意对面小朋友的位置，向着对面小朋友的位置扔才行。

教师小结：原来有这么多方法，掌握了这些小窍门，让我们再来试一试吧！

（四）高级情报员——循环区游戏

教师：接下来，我们要完成最终的任务。小情报员们要穿过森林，钻过山洞，传递情报。请你们按照路线前进！终极挑战，现在开始！

幼儿按照路线前进，到达指定地点后，再进行双人传接球（图9-10-4、图9-10-5）。

指导重点：提示幼儿到达指定位置后，再传球。传完球后，快速返回。

图 9 - 10 - 4 　　　　　　　　　　　图 9 - 10 - 5

（五）游戏结束

教师：今天的任务圆满完成！在传递情报的过程中，你有什么感受？让我们一起休息一下吧！

幼儿自由讨论，跟着音乐节奏放松身体各部位。

幼儿1：我觉得在传球的时候，两个人一定要配合好，眼睛要仔细盯着球，才能成功地接住球。

幼儿2：我觉得在战争年代传递情报，一定比我们今天传递情报更难！

幼儿3：我还想再玩一次！

教师小结：恭喜所有的情报员都通过了测试，你们真棒！

🪑 活动反思

（一）活动目标的达成情况

本班幼儿在前期有双人传球的经验，幼儿通过每天的篮球操和户外自由活动，能自主探索篮球的多种玩法，大部分幼儿能掌握双人合作传一个球的动作要领。此次活动前，我为幼儿创设了游戏情境，幼儿兴趣很高，能积极、主动地参加活动，完成双人传球的动作技能练习，愿意与同伴合作玩球，体验合作玩球的乐趣。我认为本班幼儿基本上达成了预设的目标。

（二）教育策略及方法

本次活动以"小小情报员"为主题，用"传递情报"的方法，引起幼儿参加活动的兴趣，热身运动和游戏都穿插了音乐，能带动幼儿游戏的情绪。我还用不同颜色的篮球吸引幼儿，帮助幼儿分组，大部分幼儿能集中注意力地进行游戏。前期，幼儿通过自主探索，发现不同的传球方式并分享。在每个分享环节，我都会把话语权交给幼儿，让幼儿多分享。活动中期，幼儿尝试用双人抛接球的方式合作传球。在活动的后半部分，我选用了循环区游戏的方式让幼儿跑起来、动起来，融入情境，进行游戏。

本次活动中，我主要是以操作性教学来帮助幼儿突破活动重、难点的。教师将活动中的大部分时间交给幼儿，让幼儿多尝试、敢尝试，鼓励幼儿用多种方法传递情报。同时，也采用了探究式的教学方法，教师充当引导者的角色，鼓励幼儿自己发现问题，引导幼儿之间相互探讨如何解决问题。

（三）活动亮点或优势

1. 我为幼儿创设了游戏情境，借此吸引幼儿的注意力，每个幼儿化身小小情报员，更能融入情景游戏中。

2. 我为幼儿提供了充分讨论的机会，先让幼儿提出问题，再共同协商、讨论问题。我们班的幼儿表达能力较强，因此，在讨论环节中，幼儿有着非常多的想法，开展了激烈的讨论，推动了整个活动的开展。

（四）活动不足及调整策略

1. 活动不足

（1）我对班里年龄较小、能力较弱的幼儿没有及时关注，导致能力较弱的幼儿在传球练习中体验感不强。

（2）在本次活动最后环节的循环区游戏中，有的幼儿没有到达指定地点就开始传球，导致后边的幼儿游戏节奏变乱，出现了拥堵、消极等待的情况。

2. 调整策略

（1）在今后的教育活动中，我一定多关注能力较弱的幼儿，及时进行鼓励和指导。

（2）在今后的游戏中，我会提前对游戏场地进行规划、布置，使其更具合理性，更能满足多名幼儿同时游戏，减少幼儿消极等待的时间，让幼儿充分利用场地开展体育活动。

活动十一：故事《鸡毛信》（大班）

作者：北京市东城区春江幼儿园　李佳悦

🖥 活动由来

扫码看彩图 9-11-1

我们今天的美好生活是革命先辈们用自己的生命换来的，我们要铭记历史，让红色的薪火代代相传，让爱国意识深深刻在幼儿心中。《指南》中提到，5～6 岁幼儿"喜欢与他人一起谈论图书和故事的有关内容"。《鸡毛信》的故事引发了幼儿对鸡毛信的好奇。因此，我结合幼儿的兴趣点和本班幼儿的发展水平，设计了本次教育活动。

活动目标

1. 初步理解《鸡毛信》的故事内容，了解放羊娃海娃的英雄事迹。
2. 能在集体面前大方、自然地表达自己的想法。
3. 愿意积极、主动地参与语言活动，热爱自己的祖国。

活动重点

能用清晰、完整的语言表达自己的想法。

活动难点

能在集体面前大方、自然地表达自己的想法。

活动准备

1. 经验准备：幼儿知道新中国是共产党成立的，有爱国情怀。
2. 物质准备：过去和现在不同生活场景图片、绘本《鸡毛信》PPT 课件、自制道具、《鸡毛信》故事播放器、信封若干、鸡毛若干、纸张和水彩笔若干。

活动过程

（一）开始部分

出示过去和现在不同生活场景的图片。

教师：哪张照片表现的是我们现在的生活？请你看图说一说。你知道现在幸福的生活是谁带给我们的吗（图 9 - 11 - 1）？

幼儿认真观察图片，表达自己观察后的感受。

幼儿 1：我认为我们现在的生活像这张图的场景（图 9 - 11 - 2）。现在，马路上到处都能看到各种各样的车。

图 9 - 11 - 1

图 9 - 11 - 2

幼儿2：这张图片上有立交桥，我觉得这张图片像我们现在的生活。

幼儿3：我知道现在的幸福生活是我们的祖先带给我们的。

指导重点：引导幼儿对比观察过去和现在不同生活场景的图片，引出绘本故事《鸡毛信》。

教师小结：现在的幸福生活是共产党带给我们的。共产党是由一群追求自由、平等、幸福生活的人们组成的，他们勤劳、勇敢、不懈奋斗、舍生取义，就是要让我们的生活变得更加幸福，让我们能够平安、健康地成长。今天，我们一起听听《鸡毛信》的故事吧！

（二）基本部分

1. 出示《鸡毛信》绘本封面

教师：图片中的人在做什么？请你们猜一猜，鸡毛信是用来做什么的？

幼儿1：图片中的叔叔递给这个小朋友一个东西。

幼儿2：我觉得鸡毛信是一封信，信里写着一些事情。

幼儿3：我觉得鸡毛信长得像公鸡的毛吧！

指导重点：教师出示《鸡毛信》绘本的封面，引导幼儿认真观察绘本封面并讨论，大胆表达自己的想法。

教师小结：小朋友们说得都非常正确，图片中这位戴头巾的叔叔正递给这位小朋友一封鸡毛信，鸡毛信是用来传达重要情报的信件。

2. 播放 PPT 第 2～4 页并讲述

教师：鸡毛信要交给谁呢？信封上粘着鸡毛，代表着什么？

幼儿1：鸡毛信要交给这个小男孩。

幼儿2：信封上粘着鸡毛，说明这封信很重要，十万火急。

指导重点：教师播放绘本《鸡毛信》的 PPT 课件，引导幼儿观察并讨论鸡毛信的意义和要送给谁。

教师小结：这个小男孩是龙门村的儿童团长海娃，他要把信交给八路军王连长。信封上粘上鸡毛，代表信很重要（图 9 - 11 - 3、图 9 - 11 - 4）。

图 9 - 11 - 3　　　　　　　　　　图 9 - 11 - 4

3. 播放 PPT 第 5～7 页并讲述

教师：海娃为什么要赶紧把信藏起来？如果你是海娃，你会把信藏在哪里？

幼儿1：因为海娃察觉到危险了，所以要赶紧把信藏起来。

幼儿2：如果我是海娃的话，我会把信藏在树的下面，用土盖住，埋起来。

指导重点：引导幼儿观察绘本《鸡毛信》PPT 课件第 5～7 页的画面内容，讨论可以把信藏在哪里。幼儿根据自己的经验进行尝试（图 9 - 11 - 5、图 9 - 11 - 6）。

教师小结：海娃听到了枪声，他觉得日本兵要过来了，于是，他赶紧把鸡毛信绑在了一只羊的尾巴下面。

图 9 - 11 - 5　　　　　　　　　　　　　　图 9 - 11 - 6

4. 播放 PPT 第 8～13 页并讲述

教师：海娃把信交给王连长后发生了什么？

幼儿1：王连长拿到信之后，就知道了情报，消灭了日本兵，取得了胜利。

幼儿2：海娃收到了小红花。

指导重点：引导幼儿根据故事情节思考问题。

教师小结：王连长收到信后，他按照信里约定的作战时间和路线，与民兵配合，炸毁了日本兵的炮楼，消灭了日本兵，取得了胜利，他还奖给海娃一朵大红花。

5. 讨论与分享环节

教师：海娃为什么不顾危险也要把信交给王连长？

幼儿：因为这封信非常重要，只有把信交给王连长，我们才会取得胜利。

教师：你还听过哪些爱国的故事？

幼儿：我还听过放牛娃王二小的故事。

教师：你想给谁写一封重要的鸡毛信？为什么？

幼儿：我想给我的姐姐写信，她现在去上学了，我想告诉她我很想她。

指导重点：引导幼儿用连贯的语言回答问题，积极参与讨论。

（三）结束部分

出示自制道具《鸡毛信》故事播放器（图9-11-7）。

图9-11-7

教师：我们听了《鸡毛信》的故事，也来写一封鸡毛信，把它送给我们的爸爸、妈妈、好朋友吧！

指导重点：引导幼儿用画笔在白纸上画出信的内容（图9-11-8、图9-11-9）。

教师：请小朋友们将写好的信送给爸爸、妈妈或好朋友。

图9-11-8

图9-11-9

活动反思

（一）活动目标的达成情况

本次活动通过绘本讲述的形式，让幼儿更好地理解故事情节，通过与同伴讨论与交流，更好地理解了故事的主人公海娃机智、勇敢的做法，以及鸡毛信的重要性，并自己动手制作了一封鸡毛信。我认为本班幼儿基本上达成了预设的目标。

（二）教育策略及方法

我在设计本次活动时，为了达成这三个教学目标、突破活动的重难点，在活动选材、活动环节方面进行了精心的设计。在第一个环节中，我引导幼儿通过观察过去和现在不同生活场景的图片，引发幼儿思考当下的幸福生活来之不易，激发幼儿的爱国主义情怀。从第二个环节开始，我边讲述绘本故事边向幼儿进行有效的提问，幼儿通过思考回答问题，对《鸡毛信》的故事情节有了更深的理解。最后，我引导幼儿制作一封鸡毛信，让幼儿对"鸡毛信"的含义有了更深的认识。

（三）活动亮点或优势

1. 我边讲述绘本故事边进行有效的提问，引导幼儿更好地理解《鸡毛信》的故事情节。

2. 《指南》中指出：5～6岁幼儿"能根据故事的部分情节或图书画面的线索猜想故事情节的发展，或续编、创编故事。对看过的图书、听过的故事能说出自己的看法。"因此，我让幼儿充分地想象与表达，进而真正理解鸡毛信的含义。

3. 在活动的结束环节，我邀请幼儿自制鸡毛信，让幼儿在充分理解鸡毛信含义的基础上，通过鸡毛信传达自己对爸爸、妈妈或者好朋友的情感。

（四）活动不足及调整策略

1. 活动不足

（1）由于本次活动时间有限，个别幼儿在今天的活动中没有充分地表达自己的想法，极少参与讨论。

（2）幼儿对鸡毛信的理解还不够深刻，活动结束后，容易淡化对鸡毛信的认知。

2. 调整策略

（1）在活动结束后，我应该和活动中还没有机会表达的幼儿单独沟通："你是怎么理解鸡毛信的呢？你想把你写的信送给谁呢？"

（2）把鸡毛信的故事延伸到日常区域活动中，在表演区可以进行《鸡毛信》情景故事表演。

活动十二：祖国的二维码（大班）

作者：北京市东城区春江幼儿园　魏海娟

🖥 活动由来

扫码看彩图 9-12-1

中国是二维码应用最广泛的国家。在实际生活中，孩子们常常看到家长出示或使用二维码，如吃饭、购物、坐车的时候等。虽然二维码在我们日常生活中应用很广泛，但孩子们对它仍然很陌生。二维码作为现代化生活的一种重要工具，有必要让孩子们了解和认识，并通过简单的使用这项技术感知中国的强大和科技的发展，让幼儿为自己是中国人而自豪，为祖国的繁荣发展和日益强大而骄傲。因此，我设计了"祖国的二维码"的教育活动。

活动目标

1. 初步了解二维码的特征与作用。
2. 尝试设计有关祖国的发展与变化的二维码内容。
3. 萌发爱国主义情感和身为中国人的自豪感，体验与同伴合作游戏的乐趣。

活动重点

了解二维码的特征与作用，能用扫描二维码的方式宣传祖国的变化和强大。

活动难点

设计有关祖国的发展与变化的二维码内容。

活动准备

1. 经验准备：见过家人使用二维码。
2. 物质准备：祖国繁荣发展今昔对比图片、手机 4 部或者平板电脑 4 台、二维码拼图、水彩笔、白纸、介绍二维码特点与作用的图片。

活动过程

（一）二维码初相识

1. 图片引入，了解祖国的变化

教师：随着科技的不断发展和进步，我们的祖国也在发生着翻天覆地的变化。小朋友们，请你们想一想，祖国在哪些方面发生了变化？变化的过程是怎样的？看到祖国的变化，你们有什么感受？

幼儿观察祖国在交通、科技、建筑和支付方式等方面今昔对比的图片，表达自己观看后的感受（图 9 - 12 - 1）。

幼儿 1：我看到收割工具的变化，以前，农民伯伯拿着镰刀收割庄稼，现在，是机械化收割，提高了工作效率，减轻了农民的负担。

幼儿 2：我看到交通工具发生了巨大的变化，过去最主要的交通工具是马拉车，随着科技的发展，自行车、汽车、地铁、高铁、飞机等成了主要的代步工具，方便了人们的出行，让出行更加快捷。

幼儿3：我们现在住的房子更漂亮、更美观，提高了我们的生活质量。

幼儿4：妈妈每天出门只需要带着手机，就可以去购物、吃饭、坐车啦！

指导重点：鼓励幼儿大胆地表达自己的想法和感受，为祖国的高速发展感到高兴，为我是中国人感到自豪。

教师小结：我们的祖国在政治、经济、科技、文化、教育、军事、生态等方面都在快速地发展。我们在出行、购物等方面更加便利，居住的环境更好，提高了生活质量，我们的祖国会变得更加繁荣、昌盛。

图 9 - 12 - 1

2. 观察图片——发现二维码

教师：请小朋友们仔细观察，这几幅图片有一个共同点，看看哪个小朋友最先找到（图 9 - 12 - 2）。

幼儿观察祖国繁荣发展的图片，找到几幅图片的共同点（图 9 - 12 - 3）。

幼儿1：每张图片上都有一个方方正正的小格子。

幼儿2：我知道，那是二维码。我经常见到它。

图 9 - 12 - 2　　　　　　　　　　图 9 - 12 - 3

指导重点：引导幼儿仔细观察图片，初步感知二维码在生活中的应用。

教师小结：二维码作为一种现代化的信息获取工具，在我们的生活中越来越常见。它是移动设备上流行的一种编码方式，通过扫描二维码，可以获取更多的信息，主要用于支付、验证身份、播放音频和视频等。

（二）神奇的二维码

教师：小朋友们，你们见过二维码吗？它长什么样儿？你们在哪儿见过二维码？

幼儿结合自己的生活经验与图片提示，积极思考并回答问题。

幼儿1：我见过的二维码是正方形的，由很多的黑白方块组成。我看见有许多商家把二维码的标识贴在收银台旁边。

幼儿2：我还见过中间有图案的二维码呢！"健康宝"的图标就是这样的。

幼儿3：我在游乐场玩的时候，还见过彩色的二维码呢！

幼儿4：我看到马路上的共享单车上也有二维码。

指导重点：引导幼儿知道二维码有不同的表现形式，生活中应用得非常广泛。

教师：请你们仔细想一想，在日常生活中，哪些场景会用到二维码？我们可以用二维码做哪些事情？

幼儿1：我记得在我生病的时候，妈妈用手机扫描二维码预约挂号（图9-12-4）。

幼儿2：在坐公交车或者超市购物的时候，妈妈会用二维码来付款（图9-12-5）。

图9-12-4

图9-12-5

幼儿3：有一些平台总是发打折券，我妈妈通过识别二维码来领取打折券，买东西可以便宜很多呢！

教师小结：中国已经是使用二维码最广泛的国家了，尤其是支付领域，普及率很高。无论是购物、乘车、预约等，都能通过扫描二维码的方式完成。中国正在引领全世界进入"扫码时代"。我为中国科技的进步感到高兴，也为我是中国人感到自豪。

（三）尝试设计祖国的二维码

1. 小小设计师

教师：小小设计师们，总工程师给你们布置了一项任务。请你们将任务卡拼完整，用手机扫描上边的二维码，获得你们具体的任务内容，然后去完成你们的任务。你们可以将任务内容与讲述的内容以图文并茂的方式记录在纸上。你们准备好了吗？准备好了，就快快行动起来吧！

任务一：请你结合自己的生活经验，从交通、科技、建筑、医疗等方面来说一说，我们的祖国发生了哪些翻天覆地的变化？请以"厉害了我的国"为主题，用各种方式来设计有关这些信息的二维码。

任务二：请你结合自己手里的资料，聊一聊二维码的发展历史，为什么二维码会在中国广泛使用？二维码的出现给我们的生活带来了哪些便利？请以"神奇的二维码"为主题，进行讲述。

幼儿分组合作，将拼图拼完整，用手机扫描二维码，获取任务内容并完成。

2. 小小宣传员

教师：我们来看一看、听一听，小朋友们为祖国设计的二维码吧（图9-12-6～图9-12-8）！

幼儿结合纸上记录的内容，设计祖国的二维码。别人通过扫描二维码，了解祖国的信息。

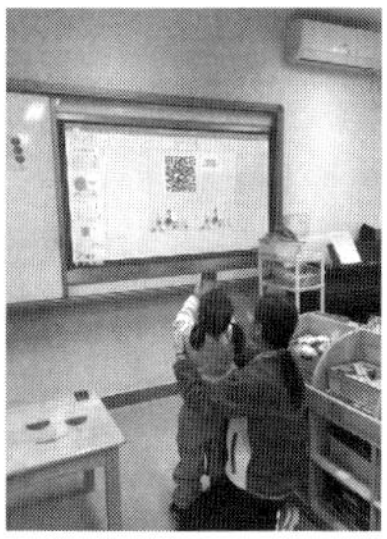

| 图 9 - 12 - 6 | 图 9 - 12 - 7 | 图 9 - 12 - 8 |

（四）分享与交流

教师：我们一起来听一听、看一看，小小宣传员为我们介绍了什么？听完他的介绍，你们有哪些感受？

幼儿用手机扫描其中一组宣传员讲述并录制的音频二维码，大家一起倾听宣传员讲解的内容。

幼儿1：祖国发生了翻天覆地的变化，离不开各行各业人们的付出，我们的国家从贫穷、落后不断走向繁荣、富强。作为中国人，我很骄傲、自豪。我也会努力学习，为国家做出贡献（图9-12-9）。

幼儿2：二维码能在我国广泛使用，是科技人员们付出了很多的辛苦。我也要向他们学习这种不怕苦、不怕难的精神（图9-12-10）。

教师小结：中国在政治、经济、科技、文化和军事等方面快速发展，这是千千万万个中国人不断付出、不断努力奋斗的结果，我们的国家也变得越来越强大、越来越富有。我很自豪自己是一名中国人，我们要热爱自己的祖国，也要通过自己的努力为中国做出贡献。

图9-12-9

图9-12-10

活动反思

（一）活动目标的达成情况

二维码是我们生活中常见的编码，幼儿对二维码既熟悉又陌生，也对二维码产生了好奇。本次活动以二维码为主题，激发了幼儿探究二维码的兴趣，幼儿能积极、主动地参与到活动中来，了解二维码的特征与作用，由此感知祖国科技的强大，为自己是中国人而感到自豪。在小组活动中，幼儿能和同伴互相合作，为祖国设计二维码。我认为本班幼儿基本上达成了预设的目标。

（二）教育策略及方法

在本次活动中，为了达成目标，我运用了以下几个策略：首先，带领幼儿观看祖国发展今昔对比图片，再提问："小朋友们，请你们想一想，祖国在哪些方面有变化？变化的过程是怎样的？看到祖国的变化，你们有什么感受？"引导幼儿直观地感受祖国的变化，了解祖国在科技、建筑、经济等方面的发展，以及国家从贫穷走向繁荣、富强的历程。通过放大图片，引导幼儿发现图片上的共同点——都有一个二维码，引出有关"二维码"的主题。其次，通过观看视频和图片的方式，带领幼儿了解二维码的特征与作用，引导幼儿结合自己的生活经验，积极探究、思考二维码在生活中的广泛应用。第三，请幼儿以小组为单位，先来完成带有二维码的拼图，再用手机扫码获取任务。幼儿结合桌面提供的材料和对祖国的了解，用各种方式，如语音介绍、绘画、搭建、拼插等方式设计祖国的二维码。最后，我将幼儿设计的"祖国的二维码"用二维码转换器转换成二维码的形式打印出来。在分享环节，幼儿可以用手机扫描二维码，观看视频或图片，或者倾听小小宣传员讲述的音频，增加幼儿对祖国的了解，激发幼儿的爱国主义情怀。

（三）活动亮点或优势

1. 本次活动使用了电子产品（手机、电脑、平板）和二维码技术，二维码是当下最流行的一种编码符号。本次活动从幼儿最感兴趣的点出发，结合幼儿已有生活经验展开，让幼儿在游戏中感受科技发展与进步的伟大，为自己是中国人而自豪，愿意用不同的材料与方式设计祖国的二维码。

2. 我为幼儿提供了丰富的材料，幼儿可以根据自身的能力，选择适合自己的材料，为祖国设计二维码。

（四）活动不足及调整策略

1. 活动不足

（1）在小组合作的过程中，个别幼儿缺乏经验，想法比较单一，没有积极参与小组活动。

（2）最后的分享环节，由于时间有限，无法让更多的幼儿进行分享，后续会引导幼儿将分享的内容转换成二维码，粘贴在各个地方，进行宣传。

2. 调整策略

（1）我为幼儿准备一些丰富的操作材料与资料，引导幼儿结合资料，如国家的发展、二维码的应用、著名景点等，设计祖国的二维码内容，再使用多种材料进行制作。

（2）我应该根据幼儿的回答，追问幼儿："你还有什么不一样的感受？""你还可以用哪些方式表达对祖国的爱？"引导幼儿表达自己内心最真实的感受。

活动十三：火箭飞天之谜（大班）

作者：北京市东城区春江幼儿园　马玉伯

扫码看彩图 9-13-1

🖥 活动由来

随着我国长征系列运载火箭技术的发展和神舟十六、十七号载人飞船的成功发射，展示出我国航天航空科技的发展和力量。"火箭是怎么上天的？"这是幼儿提出的一个问题。大班幼儿喜欢提出问题，他们的行动能力较强，规则意识也逐步形成了。为了让幼儿在操作中发现，在探索中学习，充分激发幼儿的科学兴趣和探究欲望，我针对幼儿的兴趣点和本班幼儿的发展水平，设计了本次教育活动。

活动目标

1. 初步了解火箭的特点、用途及火箭上天的过程。
2. 通过操作、记录、比较，了解火箭发射利用了液压原理。
3. 对科学探究活动感兴趣，体验玩具火箭升空的神奇和成就感。

活动重点

探索火箭利用液压原理产生的推力升空的方法和过程。

活动难点

通过操作、记录、比较，了解火箭利用液压产生的推力升空的原理，探究玩具火箭发射的高度与力度之间的关系。

活动准备

1. 经验准备：看过火箭上天的相关视频和图片，有相关的知识与经验。
2. 物质准备："火箭发射"视频、图片（展示火箭发射的过程和工作原理）、记录本和笔人手一份、火箭飞天玩教具（图9-13-1）等。

活动过程

（一）观看"火箭发射"视频，调动已有知识与经验

教师：小朋友们，你们见过火箭发射吗？在哪儿见过？火箭是怎样发射的？今天，让我们一起欣赏神舟载人飞船发射的壮观场面。看完火箭发射的视频后，你有什么感受？火箭是由哪几部分组成的？

幼儿观看神舟十六号、十七号载人飞船发射视频（图9-13-2），表达自己观看后的感受。

幼儿1：火箭发射的场面真壮观！我感到很激动！我越来越喜欢航天科技了。

幼儿2：我看到一点火，火箭"嗖"的一声飞上天了，真是太神奇了！

幼儿3：航天员叔叔真勇敢，也很辛苦！我长大了，也要成为一名航天员。

幼儿4：我看到火箭底部有 4 个小圆柱形，上面是尖尖的，中间是一个大的圆柱形，上面顶着一个外形像子弹一样的物体。

指导重点：鼓励幼儿大胆表达自己的想法和感受，激发幼儿对火箭发射的探究兴趣，了解火箭的结构。

教师小结：火箭是一种重要的航天运载工具，它的作用是将各种类型的卫星、探测器、载人飞船等有效载荷送入太空，使其进入预定轨道。火箭是一个薄壁圆柱形壳体，由蒙皮、纵向和横向的加强件构成。

图 9 - 13 - 1

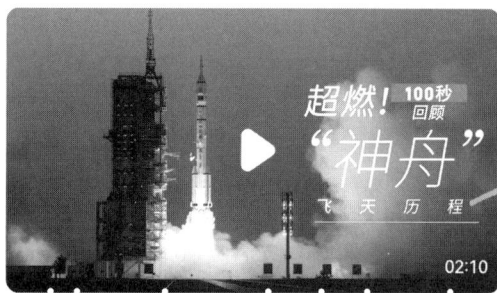

图 9 - 13 - 2

（二）动手操作，探索火箭升天原理

1. 观察玩具火箭，了解制作火箭的材料

教师：今天，老师给你们带来了玩具火箭，它是什么材料制作的？上面都有什么？它是由哪几个部分组成的？

幼儿对玩具火箭的各个部分进行观察（图 9 - 13 - 3），大胆猜测升降台、注射器、导管等的用途。

图 9 - 13 - 3

幼儿1：这里有一个注射器，里面还有水，是用来做什么的？

幼儿2：为什么有两个注射器？一个里面有液体，一个没有。

幼儿3：我看到这两个注射器连着火箭的升降台。这个装置会不会是用来操控火箭的？

指导重点：引导幼儿通过观察与讨论，大胆猜想怎样操作注射器才能让火箭发射出去。

教师小结：玩具火箭是由大小不一的圆柱体和像帽子形状的材料做成的，这些物体分别代表火箭的发射体和火箭头。两个注射器，一个里面有液体，另一个没有液体，可以通过它操控升降台，让火箭上升或下降。

2. 自主操作，探索火箭"飞起来"的方法

教师：玩具火箭有个愿望，它也想飞起来。你们愿意帮助它吗？想一想，怎样让玩具火箭飞起来呢？

幼儿通过推动注射器，探索让火箭上升或下降的方法。

幼儿1：升降台是由很多小木棍交叉组成的，上面有钉子固定，还可以动（图9-13-4）。

幼儿2：我可以用手操控火箭，我一向上推火箭，它就会向上升；往下推，就会下降。

幼儿3：我观察到神奇的地方，向上推火箭的时候，一个注射器里面的液体就会跑到另一个注射器里。你看，导管里还有液体，这是为什么（图9-13-5）？

指导重点：引导幼儿大胆猜想，动手试一试，想办法让火箭"飞起来"。

图9-13-4

图9-13-5

3. 讨论并总结火箭"飞起来"的原理

教师：你们认为谁的方法好？为什么这个方法能让小火箭"飞上天"？你们是如何操作的？

幼儿1：推动注射器，看看火箭会不会升起来（图9-13-6）。

幼儿2：我发现推动注射器，里面的液体会通过导管流到另一个注射器里，这样就会把火箭顶起来，火箭就能"飞起来"了（图9-13-7）。

幼儿3：火箭除了上升还可以下降，把一个注射器向后拉，火箭就能下降，太神奇了！这是为什么（图9-13-8）？

指导重点：鼓励幼儿大胆操作，感受推拉注射器能让火箭上升或下降，并猜测原理（图9-13-9、图9-13-10）。

教师小结：推动一个注射器，里面的液体会通过导管流到另一个注射器里，就会把火箭顶起来。把一个注射器往后拉，火箭就会下降，这就是液压原理。利用液体受压、流过小孔或管子时产生的阻力或传递的压力，可以控制火箭上升或下降。

图9-13-6

图9-13-7

图9-13-8

图9-13-9

图9-13-10

（三）深入思考，再次探索，体会科学原理

1. 分组讨论

教师：现在，我们知道了火箭发射的原理。那么，小火箭发射的高度和推动注射器的力度之间有什么关系呢？液压和液体多少有关吗？所有的液体都能让火箭上升或下降吗？现在，请小朋友们分组讨论一下，可以用表格或思维导图的方式进行记录。

（1）探究不同的液体对液压产生的影响。

幼儿动手操作，探究不同的液体是否会对火箭发射产生影响（图9-13-11）。

幼儿1：我们可以往注射器里加入不同的液体，再进行尝试。

幼儿2：我可以在记录纸上记录不同的液体能不能让火箭上升或下降。

幼儿3：我用注射器吸一点儿油，再和导管连接，推动注射器，发现火箭可以成功发射。

幼儿4：我在记录纸上记录牛奶也可以让火箭上升或者下降，所有的液体都可以。

指导重点：鼓励幼儿自主探究，尝试不同的液体在液压原理的作用下能否让火箭上升或下降，并将实验结果记录在表格里。

图 9-13-11

（2）探究火箭发射的速度、高度与推动注射器的力度之间的关系。

幼儿利用液压原理，探索推动注射器的力度与火箭发射的速度和高度之间的关系。

教师：火箭发射的速度与推动注射器的力度有什么关系？火箭发射的高度和推动注射器的力度之间有什么关系？力度大，会怎样？力度小，会怎样？力度越大，火箭发射的高度是否越高？为什么有的火箭飞得高、有的飞得低？

幼儿1：用手快速地推动注射器，火箭发射的速度越快，发射的高度也越高（图9-13-12、图9-13-13）。

幼儿2：如果用手捏住导管，不让液体流动，即使用再大的力气，火箭也不会发射成功。

幼儿3：用手轻轻地推动注射器，推到一半时，火箭的高度也会上升一半。原来力度和高度成正比，力度越大，高度越高；力度越小，高度越低。

指导重点：引导幼儿发现推动注射器的力度与火箭发射高度之间的关系，知道通过控制推动或拉动注射器的力度，可以控制火箭升高或下降的高度。

图 9 - 13 - 12   图 9 - 13 - 13

(四) 分享与交流

教师：探究小火箭发射的活动结束了。你从实验中发现了什么？你有什么感受？在实验过程中，你遇到了什么困难？你认为实验中还有哪些需要改进的地方？如果是你，你会发明哪些火箭飞天的方法？

幼儿结合刚才的实验探究结果进行分享。

幼儿1：我认为可以给发射器接上电池，不用手动发射，改成电动液压发射。

幼儿2：我觉得发射器和导管连接处很重要，一定要紧密连接，不然液体受到挤压时，就会从连接处漏出来，不能推动火箭发射。

幼儿3：我成功地发射了火箭，我觉得特别自豪！以后，我也想当宇航员，去探索太空的奥秘。

幼儿4：我也觉得液压火箭发射很神奇！原来科学原理这么伟大。

幼儿5：我有一个想法，如果不用液体了，注射器里都是空气，火箭还能不能发射成功呢？

指导重点：引导幼儿感受科学实验探究的乐趣和神奇，大胆地说出自己的感受。

活动延伸

鼓励幼儿探索在气压原理下，火箭能否成功发射；气压发射火箭的条件有哪些；制作火箭的材料有哪些；除了利用液压、气压原理，还能用哪些方法发射火箭等。

活动反思

(一) 活动目标的达成情况

在整个活动过程中，幼儿情绪高涨，能积极地参加科学探究活动，主动探究火箭升空的奥秘，活动后也表达了对航天科技发展的赞美。我认为本班幼儿基本达成了预设的目标。

（二）教育策略及方法

在设计本次活动时，为了达成这三个目标，我从活动材料准备、活动环节设计等方面进行了细致的思考。在第一个环节中，我引导幼儿通过观看神舟十六号、十七号载人飞船发射成功的视频和图片，有效地提问幼儿，如"看完火箭发射后，你有什么感受"，引发幼儿思考，激发幼儿对火箭发射的探究兴趣，增强幼儿对航天科技发展的赞美之情。幼儿是通过体验、交流、实验、探究的方式来获得新经验的。在幼儿得知液压原理的情况下，我鼓励幼儿探究"小火箭发射的高度和推动注射器的力度之间是怎样的关系？液压和液体有关吗？所有的液体都可以让火箭上升或下降吗"，并得出结论"任何液体都可以利用液压原理让火箭上升或下降"。在最后的分享与交流环节，我提问幼儿："你从实验中发现了什么？你有什么感受？在实验过程中，你遇到了什么困难？你认为实验中还有哪些需要改进的地方？你还有哪些让火箭飞天的方法？"引导幼儿进一步思考，提升幼儿的经验，让幼儿感受航天事业的伟大，萌生对航天精神的赞美之情，并拓展思考让火箭飞天的其他方法，进一步激发幼儿的科学探究欲望。

（三）活动亮点或优势

1. 我为幼儿提供了火箭发射的视频，引导幼儿通过观看视频感受火箭发射的壮观场面，从而习得新知识、获得新经验，了解火箭的构造及外形特征等。

2.《纲要》指出："科学教育应密切联系幼儿的实际生活进行，利用身边的事物与现象作为科学探索的对象。"大班幼儿探究欲望增强，且喜欢动手、乐于思考、敢于猜测，会用自己喜欢的方式表达自己的认识和情感。因此，我为幼儿提供了充分探索的机会，通过引导幼儿预测、探索、记录、验证等方式培养幼儿探索、记录的能力。

3. 活动中，我引导幼儿分组实验，目的在于让幼儿大胆猜想并验证实验结果，通过用表格记录实验结果或绘制思维导图，让幼儿理清探究思路，便于实验和记录。

（四）活动不足及调整策略

1. 活动不足

（1）本次活动中，实验探究的问题过于简单，应该让幼儿自己发现问题，提出假设并验证。

（2）在分享与交流过程中，应该为幼儿提供更多分享与表达的机会和时间，注重提问，引导幼儿表达实验探究过程中的感受。

2. 调整策略

（1）在今后的教育活动中，我一定多观察幼儿在活动中的行为，及时进行随机教育。

（2）我应该根据幼儿的回答，及时追问："你还有什么不一样的感受？你有什么话想对航天员说吗？"引导幼儿表达自己内心最真实的感受。

活动十四：井冈山上的杜鹃花（大班）

作者：北京市东城区春江幼儿园　赵　伟

🖥 活动由来

扫码看彩图 9-14-1

《纲要》指出："引导幼儿接触周围环境和生活中美好的人、事、物，丰富他们的感性经验和审美情感，激发他们表现美、创造美的情趣。"孩子们是祖国的未来、民族的希望。人无精神不立，国无精神不兴。在幼儿教育过程中，要不断融入中华传统文化的内容，以培养幼儿的爱国主义精神。

我以红色故事为切入点，和幼儿一起开展了红色故事绘本阅读和分享讲述的活动。孩子们从红色故事中的小英雄身上学会了感恩，感恩幸福生活来之不易。因此，我挖掘红色故事中的红色文化精神并将红色故事情景应用于本次美育活动中，设计了以《闪闪的红星》红色绘本故事为主题背景的活动——"井冈山上的杜鹃花"，让幼儿通过感受红色精神、体验剪纸文化、大胆创作剪纸，鼓励幼儿以剪纸的艺术手法，表达对革命先烈的缅怀和感恩之情。

🖥 活动目标

1. 学习并掌握五瓣花剪纸的折剪方法，练习镂空剪的技能。
2. 喜欢民间艺术剪纸，自主探索、设计立体剪纸的图样。
3. 知道珍惜现在来之不易的幸福生活，表达对革命先烈的缅怀和感恩之情。

🖥 活动重点

练习镂空剪的技能。

🖥 活动难点

能够掌握设计五瓣花镂空剪纸图样的方法。

活动准备

1. 经验准备：听过有关井冈山杜鹃花的红色故事，已掌握五角星的折剪方法。

2. 物质准备：红色正方形彩纸、红色音乐、剪纸步骤图、剪刀、胶棒、视频电影《闪闪的红星》有关井冈山杜鹃花的情景片段。

活动过程

（一）情景引入主题

欣赏井冈山上漫山遍野的杜鹃花

教师：今天，老师要带你们去咱们的革命根据地井冈山，看一看漫山遍野的红杜鹃，欣赏一下美丽的杜鹃花。我们一起来回顾一下电影《闪闪的红星》中，潘冬子在杜鹃花丛中佩戴红军帽子的经典一幕。

教师引导幼儿边欣赏漫山遍野的杜鹃花边帮助幼儿回忆电影《闪闪的红星》片段：潘冬子的妈妈告诉他，等到映山红都开了，红军和爸爸就回来了。"若要盼得哟红军来，岭上开遍哟映山红"歌声时时萦绕在耳边。

幼儿观看视频画面，欣赏红红的杜鹃花，回顾并讲述有关井冈山红杜鹃的故事情节，分享自己对故事的理解，讲述欣赏杜鹃花的感受（图9-14-1、图9-14-2）。

图9-14-1   图9-14-2

（二）探索用剪纸的方式表现杜鹃花的方法

1. 观察剪纸图样步骤图，设计杜鹃花的花形

教师：刚才，在视频里，你们看到的杜鹃花是什么样儿的？杜鹃花的花瓣有什么特点？如何运用剪纸的方法表现杜鹃花的这些特点？请你们仔细观察，将杜鹃花的花芯设计成镂空的样子，剪一剪，试一试。剪到纸张中红色叹号提示的地方要格外小心！

幼儿分享自己探索和了解的立体剪纸杜鹃花，说说应该怎样表现杜鹃花的特点，按照剪纸步骤图的提示（图 9 - 14 - 3），尝试设计镂空剪的花芯和花瓣的位置。

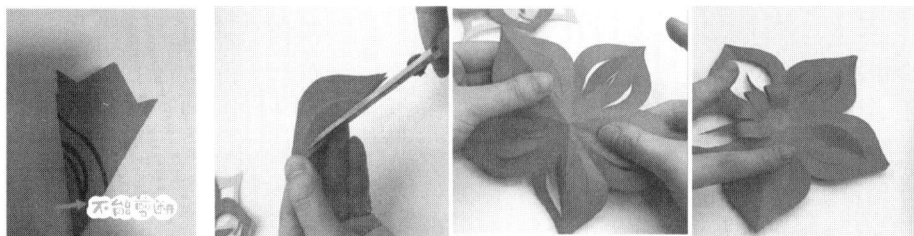

图 9 - 14 - 3

2. 经验分享，再次练习

教师：刚才，在剪纸过程中，有的小朋友遇到了困难，我们请已经掌握镂空剪纸技巧的小朋友分享一下你的好方法。或者，你还有哪些新想法，也可以和我们分享。

幼儿按照自己设计的图案，分享、设计镂空剪纸的好方法（图 9 - 14 - 4）。

图 9 - 14 - 4

（三）作品展示与评价

1. 展示作品，表达对红军战士的敬佩和热爱之情

教师：漫山遍野的红色杜鹃花盛开时，如同燃烧的火焰永不熄灭，象征着坚韧不拔、自强不息的奋斗精神。请小朋友们为红军战士献上美丽的杜鹃花（图 9 - 14 - 5），并表达你对红军战士的敬佩和热爱之情。

幼儿抒发对杜鹃花精神的理解，愿意主动表达自己内心的想法和感受，以及对红军战士的敬佩和热爱之情。

2. 作品评价

教师：现在，虽然是冬天，但是杜鹃花永远开在我们的心中，让我们一起欣赏咱们班小朋友的立体剪纸作品——杜鹃花吧（图9-14-6）！

指导重点：鼓励幼儿展示作品，互相欣赏并评价同伴作品，激发幼儿对剪纸文化的喜爱之情，引导幼儿愿意继续练习剪纸技能。

图9-14-5   图9-14-6

🖱 活动延伸

演唱红色歌曲，向红军叔叔致敬

教师：接下来，咱们一起有感情地演唱歌曲《红星闪闪》，向红军叔叔致敬！

幼儿跟随音乐，情绪高昂地演唱歌曲《红星闪闪》（图9-14-7），向红军叔叔致敬，表达爱党、爱国、爱军的情感，传承红色精神，抒发对革命先烈的缅怀和感恩之情。

图9-14-7

🖮 活动反思

(一) 活动目标的达成情况

在整个活动中，幼儿能结合红色电影《闪闪的红星》片段，欣赏和表现井冈山上漫山遍野的红杜鹃。孩子们自主设计剪纸的兴趣非常浓厚，能积极、主动地参与体验活动。在活动中，幼儿通过相互欣赏、学习，体验了剪纸文化的魅力。活动后，幼儿又通过演唱歌曲《红星闪闪》表达对祖国的热爱之情并向红军叔叔致敬。我认为本班幼儿基本上达成了预设的目标。

(二) 教育策略及方法

整个活动中，我运用了四种策略，第一种策略是情景教学法，第二种是分享实践法，第三种是视图探索法，第四种是评价分享法。

第一种情景教学法。在本次红色剪纸活动中，我先播放有关井冈山上的红杜鹃视频，带领幼儿欣赏漫山遍野的红杜鹃，回顾红色杜鹃花开、潘冬子戴上红军军帽的情景，再引导幼儿仔细观察并了解了杜鹃花的外形特征。第二种分享实践法。我运用信息技术向幼儿展示了杜鹃花开的慢动作视频，并配音加以解说，吸引幼儿的注意力，让幼儿在认真观察杜鹃花的同时倾听讲解，进一步了解杜鹃花的特点，引导幼儿能够持续地、有耐心地、一步步地自主探索与学习。第三种视图探索法。在欣赏杜鹃花剪纸范例步骤图时，我运用了动画的形式帮助幼儿探索与学习镂空剪纸的方法。其中，剪折的动画步骤充分地调动了幼儿自主探究的学习兴趣。在幼儿探索与学习的过程中，我利用循环播放剪纸步骤视频的方式，让幼儿能够一步一步地跟着视频自主练习折和剪的方法。当幼儿掌握了五瓣花剪纸方法后，我又运用信息技术由易到难地有层次地展示如何设计杜鹃花的图样。请幼儿自选图纸，进行体验与设计，并且为能力强的幼儿提供了具有挑战性的、有难度的图样。我在引导幼儿学习镂空剪纸的同时，通过图样的多种变化和重点呈现图样剪纸的难点部分，让幼儿完成挑战，更好地掌握镂空剪纸的技能。第四种评价分享法。我鼓励幼儿互相帮助，提出自己在剪纸设计过程中遇到的问题，以小组合作的方式解决问题，分享与探索更多的图样剪法，创作杜鹃花剪纸作品。我通过延伸活动，再次调动幼儿参与活动的积极性，引导幼儿抒发对党、对国家的热爱之情。

(三) 活动亮点或优势

1. 情景教学法

我先运用井冈山上的红杜鹃视频和红色电影《闪闪的红星》的片段，使幼儿与主人公潘冬子共情，带领幼儿欣赏漫山遍野的红杜鹃，并以分享、讲述的方式回顾有关红色杜鹃花的故事，借助信息技术将幼儿带入相关情景，引导幼儿观察和了解了杜鹃花的外形特点。

2. 评价分享亮点

我选用了冬天的井冈山情景引发幼儿想要分享自己作品的愿望,让幼儿充分地表达对红军战士的敬佩和热爱之情,给他们献上美丽的杜鹃花,用自己制作的立体杜鹃花来装饰冬天的井冈山。

(四) 活动不足及调整策略

1. 活动不足

活动中,部分幼儿自主探究能力较强,愿意自己设计杜鹃花的图样。我为幼儿准备了杜鹃花剪纸样例,反而干扰了部分幼儿自主创作,没能让他们充分发挥自己的想象力和创造力。

2. 调整策略

我应该关注不同幼儿的能力水平和需求,准备多种画好的图样,让幼儿在画好的图样中摸索学习,能够直观地照着画,学习画和剪的方法,掌握剪纸、折纸的重点、难点,知道哪里可以剪、哪里不可以剪。在具体操作环节,应该在每张桌子上放一张大的范例步骤图,以便幼儿能够更好地学习剪纸步骤,或者将每一个步骤的图片分开摆放,当幼儿不会折、不会剪的时候,可以将自己需要的那张步骤图拿在手里,仔细观看,以便更好地掌握这一步骤。

第十章 红色教育活动玩教具制作

玩教具一：小士兵换装

作者：北京市东城区春江幼儿园 荞 宇

扫码看彩图 10-1-1

（一）作品外形和结构

此款玩教具的整体外形是一个小衣柜，衣柜底色为原木色（图10-1-1）。这款玩教具适合小班幼儿。首先，幼儿通过服装款式的一一对应，给人偶卡片穿上成套的军装（图10-1-2、图10-1-3）。其次，引导幼儿认识不同款式的军装，了解不同款式的军装属于哪个军种（图10-1-4）。最后，引导幼儿将穿着不同军装的小士兵与其使用的军事武器和军种卡片一一对应（图10-1-5、图10-1-6），鼓励幼儿讲述他所认识的军装和军种。

图 10-1-1

图 10-1-2

图 10 - 1 - 3

图 10 - 1 - 4

图 10 - 1 - 5

图 10 - 1 - 6

（二）主要功能和特点

1. 此款自制玩教具的设计灵感来自孩子们。他们在观看升旗仪式的视频时，发现三军仪仗队护送国旗到旗杆下，三名解放军叔叔分别穿着三种颜色的军装。不同颜色的军装分别代表哪个军种？除了这样的军装，他们日常训练时，都穿什么款式的军装呢？孩子们对此产生了好奇。因此，我设计了这款玩教具，想让幼儿通过游戏的方式了解不同军种的军人的着装。

2. 此款玩教具是根据海军、陆军、空军在不同场合下穿着的军装进行制作的。希望通过游戏加深幼儿对军装的认知，让幼儿在玩的过程中对军装与军种有更加深刻的认识。

3. 解放军叔叔坚韧的意志品质是幼儿学习的好榜样。教师可以通过此款玩教具的人物形象讲述英雄事迹，对幼儿加强革命传统教育，引导幼儿从小树立实现伟大中国梦的崇高理想，培养新时代的好儿童。

4. 此款玩教具适宜小班幼儿游戏使用。我结合小班幼儿的年龄特点，引导幼儿通过军装颜色的一一对应或按照示例进行拼摆。同时，我为孩子们提供了军装示例图和男、女小士兵人偶卡片，鼓励孩子们通过拼摆的方式尝试为小士兵穿着一身合适的军装。

5. 当幼儿为小士兵穿好军装后，可以根据军种为小士兵找到相应的背景图片，并鼓励幼儿用完整的语言说一说自己为小士兵穿上了什么军种的军装、为他找到了哪张背景图片。

（三）作品制作方法

1. 将原木色彩纸粘贴在长方形纸盒的外面，制成衣柜的样式。

2. 上网查找不同军装的颜色、形制，绘制相应的图样，分别制作男款和女款军装，以及男、女小士兵。

3. 将粘扣分别粘贴在服装的背面和小士兵的正面，并根据男、女分别粘贴不同的贴面，帮助幼儿区分男款和女款军装。

4. 制作不同军种的背景图片，如军事武器、军事装备、军士证等，方便幼儿讲述自己知道的解放军及军种信息。

（四）玩法介绍

1. 穿军装

（1）玩法一：独立拼贴。

幼儿寻找相同颜色的军装，将上衣、裤子和帽子一一对应，为小士兵穿上成套的军装，戴上相应的军帽（图 10-1-7）。

教育价值：

①引导幼儿尝试用一一对应的方式为小士兵穿着军装。

②发展幼儿的观察力、动手能力和手眼协调能力。

（2）玩法二：看图样拼贴。

当幼儿对军装是否成套不确定时，可以为幼儿提供军装示例图，引导幼儿按照示例图寻找合适的服装，给小士兵穿上军装（图 10-1-8）。

图 10-1-7

图 10-1-8

教育价值：

①锻炼幼儿一一对应的能力，寻找相应的军装。

②锻炼幼儿对细节的观察能力，发现军装的上衣、裤子和帽子是完整的一套。

2. 我知道的小士兵

（1）玩法：

幼儿为小士兵换装后，可以讲一讲小士兵穿的军装属于哪个军种，并在背景图片中找到与该军种对应的军事装备图片（图10-1-9、图10-1-10）。

图10-1-9　　　　　　　　　　　图10-1-10

（2）教育价值：

①锻炼幼儿的逻辑思维能力，促进幼儿对军人及军种的认识。

②促进幼儿的观察能力和思考能力的发展，培养幼儿的专注力和耐心。

③引导幼儿用完整的语言讲述自己拼摆的士兵服装和选择的相应背景图片，发展幼儿的语言表达能力。

玩教具二：小红军从军记

作者：北京市东城区春江幼儿园　郭　颖

（一）作品外形和结构

扫码看彩图10-2-1

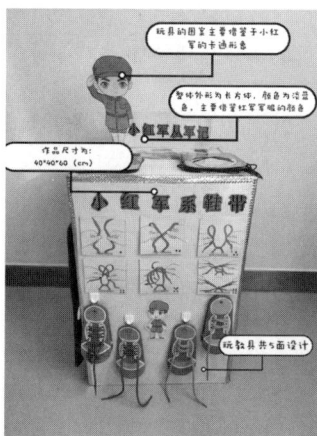
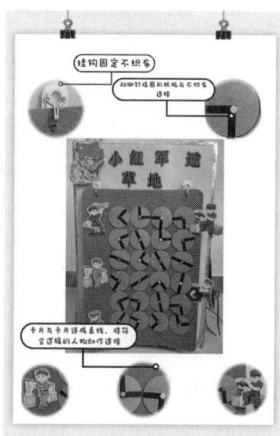

图10-2-1　　　　　　　　　　　图10-2-2

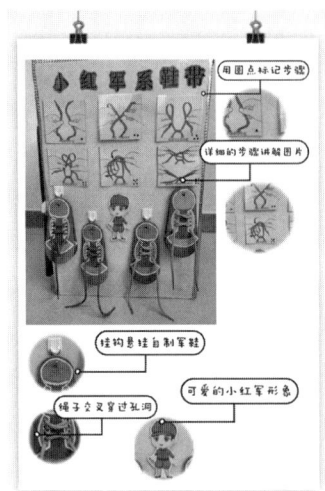

图 10 - 2 - 3

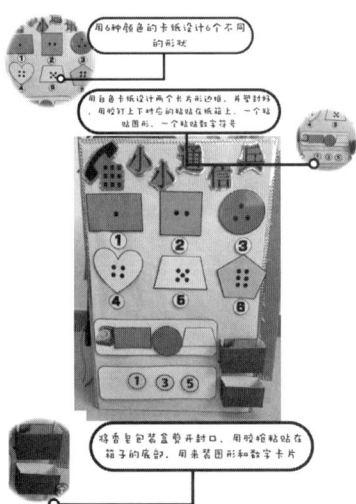

图 10 - 2 - 4

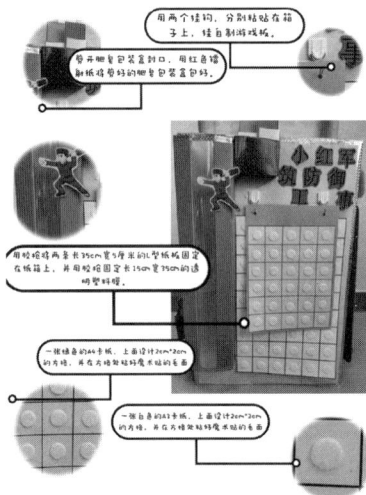

图 10 - 2 - 5

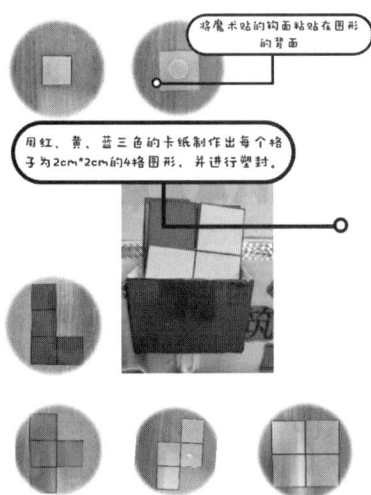

图 10 - 2 - 6

"小红军从军记"这个玩教具是一个五面体的箱式玩具（图 10 - 2 - 1～图 10 - 2 - 7），既可以单人游戏，也可以多人合作游戏。

（二）主要功能和特点

1. 引导幼儿通过操作游戏材料，了解红军长征途中不怕困难、艰苦朴素的精神，学习红军不怕艰苦、勇敢坚韧的意志品质。

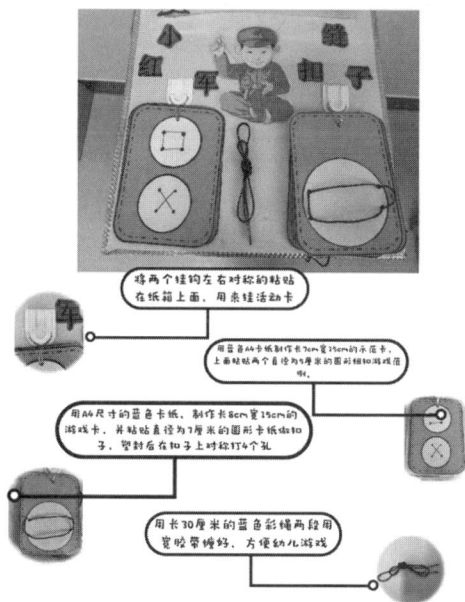

图 10 - 2 - 7

2.引导幼儿通过操作游戏材料，练习系扣、穿绳、接物等动作，锻炼幼儿的动手能力和手眼的协调能力。

3.幼儿通过操作游戏材料，认识和分辨不同的图形，发现它们的不同特点，通过观察图形上的圆点数量，手口一致地点数，尝试根据图形上的圆点数量，找到相应的数字卡片。

4.对迷宫游戏感兴趣，尝试走迷宫，学会发现问题、解决问题，愿意与同伴合作游戏，体验成功走出迷宫的快乐。

5.探索防御工事的奇妙组合，通过组合、对称和旋转的方法进行游戏，锻炼幼儿的观察力和动手操作能力。

（三）作品制作方法

1.选择尺寸为 40 厘米（长）×40 厘米（宽）×60 厘米（高）的纸箱一个，选好相邻的 5 个面，并将它们相邻的边用宽胶带粘好。

2.选择淡蓝色的全开卡纸，将纸箱的 5 个面包裹好。

3.在纸箱 5 个面的顶部分别贴好游戏主题名称"小红军缝扣子""小红军系鞋带""小红军过草地""小红军筑防御工事""小小通信兵"。

4.小红军系鞋带，用纸板裁出 3 双 7 厘米长的鞋子模板，并用丙烯彩色笔在鞋子的面上绘制军鞋，再用打孔器在鞋子上打好穿鞋带的扣眼，把彩绳穿在鞋子上。在箱体上合适的位置粘贴 4 个挂钩，再将鞋子分别挂在挂钩上。在游戏名称的下面粘贴 6 张系鞋带的步骤图即可。

5. 小红军缝扣子：准备一张长 18 厘米×宽 13 厘米的蓝色长方形卡纸，在上面粘贴 1 张或 2 张直径为 7 厘米的圆形扣子卡纸，并在扣子卡纸上画好缝扣子的路线。另外，再准备一张长 18 厘米×宽 13 厘米的蓝色长方形卡纸，在上面粘贴一张直径为 10 厘米的圆形扣子卡纸，并用打孔器在扣子卡纸对称的位置分别打好 4 个孔，准备好绳子。

6. 小小通信兵：准备 6 种不同颜色的 A4 卡纸，分别用这些 A4 卡纸剪出一个长方形、一个正方形、一个圆形、一个心形、一个梯形和一个五边形，6 种不同图形的卡片分别画出 1～6 个实心圆点。将这 6 张图片两两对应，粘贴在游戏名称的下面。另外，再准备 2 张长 28 厘米×宽 9 厘米的白色卡纸，上下对称粘贴好，且在对应处粘贴 2 个红色的小纸盒，上面的纸盒中装有"1～6"的数字卡片，下面的纸盒装有上述 6 种图形卡片。

（四）玩法介绍

1. 小红军缝扣子

（1）玩法一：我学缝扣子。

一名幼儿手拿缝扣子的游戏板，按照模板上画出的线缝扣子（图 10 - 2 - 8），也可以按照自己的想法创设新的图形进行缝制（图 10 - 2 - 9）。

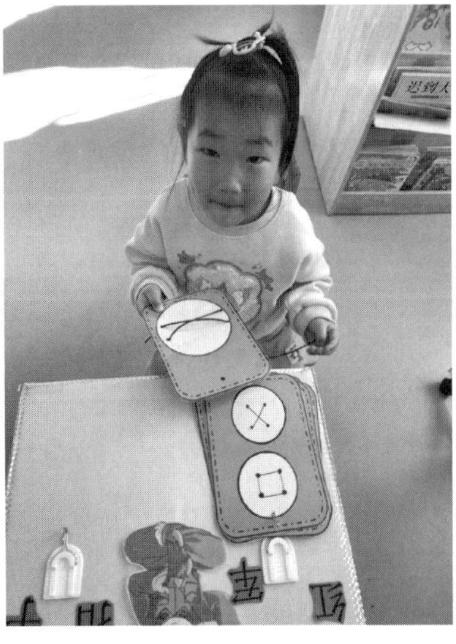

图 10 - 2 - 8

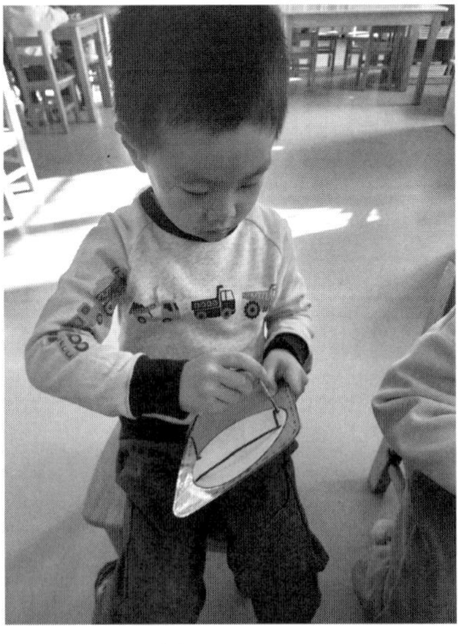

图 10 - 2 - 9

（2）玩法二：看谁缝得快。

幼儿可以两人或三人同时游戏，每人手拿一张游戏板，选择相同的缝扣子图形游戏板进行比赛，看一看谁缝得又快又准确（图 10 - 2 - 10、图 10 - 2 - 11）。

图 10 - 2 - 10　　　　　　　　图 10 - 2 - 11

2. 小红军系鞋带

（1）玩法一：我学系鞋带。

幼儿可以参考系鞋带的步骤图进行游戏，学习系鞋带的好方法（图 10 - 2 - 12、图 10 - 2 - 13）。

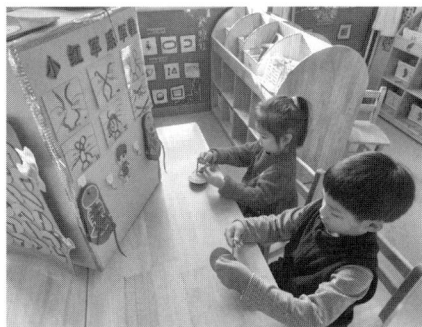

图 10 - 2 - 12　　　　　　　　图 10 - 2 - 13

（2）玩法二：看谁鞋带系得快。

可以多人同时游戏，在规定的时间内，看看谁能快速地把鞋带系好（图 10 - 2 - 14、图 10 - 2 - 15）。

3. 小红军过草地

玩法：

一名或两名幼儿进行游戏。幼儿选择 2 张有因果联系的图形卡片，将表示原因的图片贴在迷宫的起点，将表示结果的图片贴在迷宫的终点。幼儿从起点开始转动画有路线的圆形卡片，将卡片上的路线逐一连接起来，直至到达终点（图 10 - 2 - 16、图 10 - 2 - 17）。

图 10 - 2 - 14

图 10 - 2 - 15

图 10 - 2 - 16

图 10 - 2 - 17

4. 小红军筑防御工事

（1）玩法一：拼摆游戏。

幼儿可以尝试在拼板上，通过对称、扭转、图形组合的方式拼摆图片，搭建防御工事（图 10 - 2 - 18、图 10 - 2 - 19）。

图 10 - 2 - 18

图 10 - 2 - 19

（2）玩法二：双人垒高游戏。

一名幼儿顺着管道向下投放图形卡片（图 10 - 2 - 20），另一名幼儿在下方接住图形卡片，将接住的图形卡片在拼板的最下层开始拼摆，利用垒高的方式，搭建防御工事（图 10 - 2 - 21）。

图 10 - 2 - 20　　　　　　　　　图 10 - 2 - 21

5. 小小通信兵

（1）玩法一：找数字。

幼儿可以通过点数 6 个图形中不同的圆点数量，将数字卡片一一对应地粘贴在相应的图形卡片下方（图 10 - 2 - 22、图 10 - 2 - 23）。

图 10 - 2 - 22　　　　　　　　　图 10 - 2 - 23

（2）玩法二：电话号码。

这个游戏可以一名幼儿游戏（图10-2-24），也可以两名幼儿游戏。一名幼儿可以随意找出3张图形卡片，将其粘贴在画有电话图样的白框里。另一名幼儿根据图形卡片中的圆点数量所对应的数字进行破解，将相应的数字粘贴在图形下方的白框里（图10-2-25）。

图10-2-24　　　　　　　　　　图10-2-25

玩教具三：红星小剧场

作者：北京市东城区春江幼儿园　刘　鑫

（一）作品外形和结构

扫码看彩图10-3-1

图10-3-1　　　　　　　　　　图10-3-2

此款玩教具的整体外形比较立体，底色为原木色、红色。这个玩教具的造型与电视机相似，方便幼儿表演与讲故事使用（图10-3-1、图10-3-2）。

（二）主要功能和特点

1. 此款自制玩教具的设计灵感来自电视机。玩教具每一个部分的游戏玩法较多，可以根据幼儿的需要和学习特点进行调整，增加游戏的趣味性，适合一人或多人游戏。

2. 此款玩教具可供幼儿表演使用，幼儿可以根据红色故事、红色歌曲、红色主题等进行红色故事讲述或者红色歌曲演唱、手势舞表演等，如《鸡毛信》《雷锋的故事》《童心向党》《我爱我的祖国》《闪闪的红星》等。

3. 此款玩教具适合小、中、大班幼儿使用。小班幼儿语言表达能力不完整，可以用盒子里面的故事人物手偶进行游戏，还可以转动电视机上的旋转按钮，观看故事情节图卡，了解故事内容。中班幼儿语言表达能力和表演能力达到了一定的发展水平，幼儿可以两人一组，进行红色故事讲述、儿歌表演等活动，还可以从盒子里选取红军帽、红军包等道具装扮自己，更生动地进行故事讲述及儿歌表演。大班幼儿有一定的语言表达能力，可以完整地讲述故事内容。幼儿可以尝试一人游戏或者多人合作游戏，比如，分角色进行表演，有主持人报幕、播音员、故事演员等，多人合作进行表演。也可以一人通过操控电视机盒子、配合道具，独立、完整地讲述故事。

4. 盒子中的道具和手偶是为了让幼儿加深对红色故事的印象，复述故事时使用。两名幼儿可以结合"红星剧场"，一个讲、一个演。此款玩教具的侧面还有一部分黑白电影中还原英雄人物的情景照片，比如，《雷锋的故事》《董存瑞炸碉堡》等情节小卡片，可以帮助幼儿理清故事脉络，加深印象，锻炼幼儿的记忆力和语言复述能力，也可以让幼儿真实地感受到故事中的英雄自我牺牲及为人民服务的精神。

5. "红星剧场"的造型设计就像电视机一样，有转动的按钮、可以更换的故事情节图卡。在表演框的周围还安装了一圈小灯泡，可以让幼儿更生动地讲述与表演，观众也容易被吸引过去，欣赏整个故事表演。

6. 大班幼儿还可以自制"红星小剧本"，发展幼儿的语言表达能力。幼儿可以根据阅读的红色绘本故事情节自行添加故事人物、创编故事情节、制作角色卡片，为将要边表演边讲述的红色故事绘制节目单，让其成为一个真正的"红星剧场"。

（三）作品制作方法

1. 将一个废旧纸盒的底部去掉，留下边框，做成电视机的样子，再用金色的纸包好边缘，粘贴按钮、天线、灯泡等，将其装饰得更像电视机。

2. 将另一个纸箱子去掉其中的一面，在两个侧面分别掏出两个洞，将两根纸管插入，并粘上红色故事图片，让图片可以转动。

3. 去掉两个纸盒的侧面，将其粘在一起，当做抽屉的外框，再找两个小一点儿的纸盒，做抽屉，安上把手，抽屉就制作完成了。

4. 将故事中的人物等用彩笔在纸卡上画好后，剪下来并塑封，背面粘上冰棍棒，并排放在相应的位置，再利用剪纸、折纸的方法制作一些故事讲述中使用的道具。

5. 在纸盒的侧面粘贴弧形管道，将手纸芯拼装上去，贴上电影情节中人物的经典动作瞬间图片。最后，对玩具整体进行装饰、包边，即完成制作。

图 10 - 3 - 3

（四）玩法介绍

1. 玩法一：单人游戏

幼儿站在"红星剧场"表演框的后面，手持道具，戴好配饰后，开始讲述红色故事（图 10 - 3 - 3）。可以转动故事盒下方的电视机按钮，根据故事情节进行讲述。这种玩法更适合图书区，幼儿可以扮作新闻播报员、红星小使者等形象（图 10 - 3 - 4），独自给同伴讲述红色故事，自己在讲述故事的过程中，也可以拿出抽屉里的故事人物卡片进行回忆，或者用提问的方式引出主题："请你们猜一猜，这个英雄人物是谁？他叫什么名字？"以这种生动、互动的方式进行讲述。如果幼儿不能完全记住故事情节，也可以转动电视机下方的小按钮，边看故事内容边讲述，如雷锋助人为乐的行为、他都帮助了哪些人等，可以让幼儿看图完整地讲述。

2. 玩法二：多人游戏

幼儿在表演区进行表演，可以邀请其他区域的小观众一同观看（图 10 - 3 - 5）。比如，幼儿在入场前先设计好自己的表演动作、道具及台词，可以跟小伙伴商量，分工合作，分别扮演故事中不同的人物角色，共同进行表演。台下的小观众还可以拿出抽屉里的人物故事卡和台上的演员互动，一起尝试模仿故事表演人物动作、表情；台下的小观众看演出时，热血沸腾，也可以拿起手中的国旗挥舞。从上台演出到谢幕、共同演唱爱国歌曲等，这些对于孩子们来说，都是锻炼与提升技能的机会。

图 10 - 3 - 4　　　　　　　　　　　图 10 - 3 - 5

（五）教育价值

1. 锻炼幼儿的语言表达能力，让其能够完整地讲述故事。

2. 幼儿可以根据故事情节讲清楚故事发生的时间、地点、人物、事情的经过和结果。

3. 幼儿在讲述故事的过程中，能够锻炼逻辑思维能力。

4. 幼儿可以大胆地展现自己，模仿故事中人物的动作、表情，借助道具，从单一地讲故事变成生动地表演。

5. 增强幼儿合作表演的能力，锻炼幼儿自主游戏的意识，幼儿可以自己设计整个演出活动，也可以分工合作，共同讲述与表演。

6. 培养幼儿的爱国主义意识，增强民族自豪感。

7. 通过故事中英雄人物的事迹，培养幼儿坚强、勇敢、不怕困难的好品质。

玩教具四：小小行军棋

作者：北京市东城区春江幼儿园　王　笛

（一）作品外形和结构

扫码看彩图 10 - 4 - 1

此款玩教具的整体外形为正方体，基本底色为红色，棋盘为棕色。尺寸为 30 厘米（长）×30 厘米（宽）×30 厘米（高）。玩教具分为内外结构设计，行军棋棋盘图案主要展现了红军长征路上发生的重要事件，行军棋路线还原了红军长征的路线（图 10 - 4 - 1～图 10 - 4 - 3）。

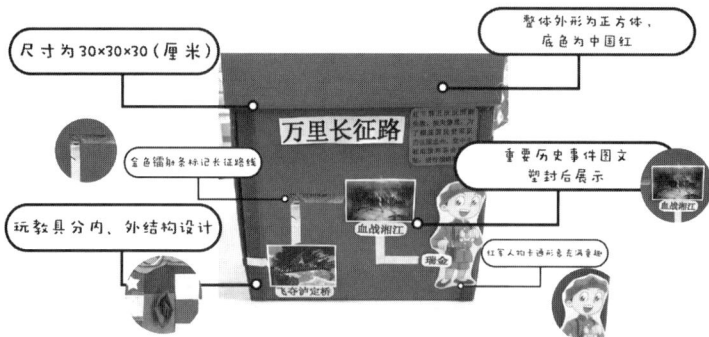

尺寸为30×30×30（厘米）

整体外形为正方体，底色为中国红

金色镭射条标记长征路线

万里长征路

重要历史事件图文塑封后展示

玩教具分内、外结构设计

血战湘江

瑞金

飞夺泸定桥

红军人如卡通可爱无所不在

图 10 - 4 - 1

小夹子可以灵活拿取，随时更换新的故事内容

《长征路上红小丫》绘本故事打印，供幼儿阅读与讲述

图 10 - 4 - 2

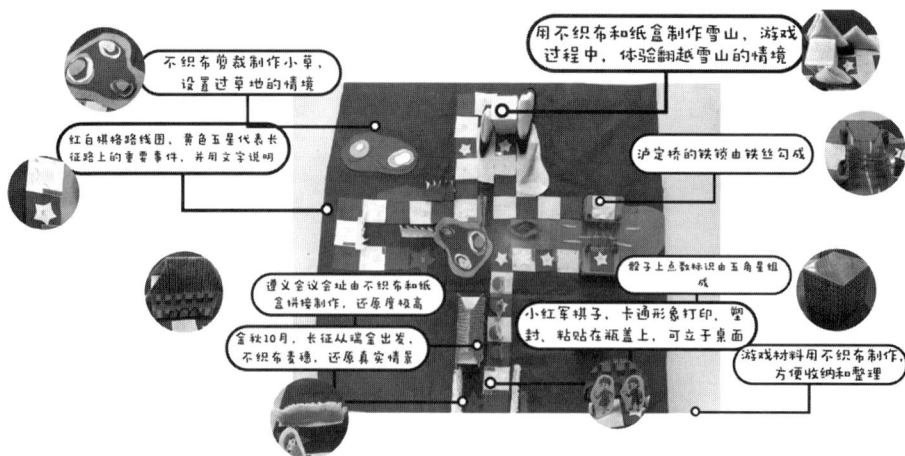

不织布剪裁制作小草，设置过草地的情境

用不织布和纸盒制作雪山，游戏过程中，体验翻越雪山的情境

红白棋格路图，黄色五星代表长征路上的重要事件，并用文字说明

泸定桥的铁锁由铁丝勾成

遵义会议会址由不织布和纸盒拼搭制作，还原度极高

骰子上点数标识由五角星组成

金秋10月，长征从瑞金出发，不织布麦穗，还原真实情景

小红军棋子，卡通形象打印、塑封，粘贴在瓶盖上，可立于桌面

游戏材料用不织布制作，方便收纳和整理

图 10 - 4 - 3

（二）主要功能和特点

1. 此款自制玩教具的设计灵感来自红军长征途中的重要历史事件。学习和弘扬长征精神是幼儿爱国主义教育活动中很好的题材。

2. 此款自制玩教具以红军长征途中的重要历史事件为主题进行制作，便于幼儿全面了解历史事件。游戏盒外部以图文并茂的路线图的形式展现。幼儿可以从路线图的起点出发，通过看图了解红军长征途中的重大历史事件。

3. 在此款玩教具的"长征故事"子主题中，通过打印、装订成册的绘本故事《长征路上红小丫》，激发幼儿讲故事的兴趣，让幼儿了解故事中小红军的英勇事迹。有关长征的故事还有很多，教师会在展示一段时间之后更换新的长征故事。长征故事蕴含着中国共产党人艰苦卓绝的战斗精神和革命品质，能激励幼儿在面对困难时保持乐观、坚强、不屈不挠的奋斗精神，培养幼儿坚强、乐观的意志品质。

4. 红军长征途中，有很多感人的英雄人物及其光辉事迹。这些英雄人物都是幼儿学习的好榜样。教师通过故事向幼儿宣传英雄事迹，加强革命传统教育，让幼儿从小树立实现伟大中国梦的崇高理想，成为祖国新时代的好儿童。

5. 内层棋盘设计展现了红军长征途中的 4 个主要事件，并做成了立体场景，设计了相关的游戏。这些不仅可以让幼儿直观地了解历史，也可以让幼儿体会到革命先辈们的艰辛历程，在游戏中学习红色历史。

6. "小小行军棋"可以一名或多名幼儿进行游戏。这里为幼儿提供了 4 个小红军形象的棋子。一名幼儿游戏时，可以通过投掷骰子，按照点数向前行走相应数量的棋格，最终走到终点，顺利会师。多名幼儿游戏时，幼儿之间协商好谁先走，可以通过猜拳获胜确定谁先出发，或者投掷骰子，让点数最多的幼儿先出发。这一环节需要考验幼儿的协商能力，共同制订游戏规则，并学会遵守游戏规则。多名幼儿共同游戏可以促进其社会性的发展。

7. 游戏盒在打开或收纳、整理的过程中，幼儿可以观察到正方体是由 6 个正方形的面组成的，进而提高幼儿的立体空间感。

（三）作品制作方法

1. 选择一个带有盖子的正方体纸盒，沿着盒子垂直于地面的 4 条边裁开，平铺后，呈现由 5 个正方形组成的"十"字形纸板。

2. 将正方形不织布平铺在"十"字形纸板上，用热熔胶粘好，再将"十"字形纸板复原成正方体。

3. 将红军长征途中的重要历史事件图文卡片过塑，剪裁后，粘贴在盒子外立面相邻的两个正方形纸板上。将所有图文卡片按照红军长征路线串联在一起，用金色镭射条标记路线。

4. 将《长征路上红小丫》绘本故事彩色打印出来，剪裁后，制作成可以翻页的小故事书，用粘钩、曲别针、燕尾夹等材料组合后，悬挂在盒子其中的一个外立面上。

5. 制作行军棋的棋子，将红军战士形象的小人卡片过塑、剪裁，点涂热熔胶，粘在废旧瓶盖上，可使其立于桌面。

6. 制作骰子，用金色镭射纸包裹小纸盒，剪裁若干颗红色星星的贴纸作为点数，按照1～6的数量分别粘贴在骰子的每个面上。

7. 在盒子的里面制作棋盘格，用红色和白色不织布剪裁若干个正方形，用热熔胶点涂，依次粘贴成行军路线。按照红军长征途中发生的重要事件的时间顺序，将相应的图文卡片粘贴在正方形的不织布上，完成"小小行军棋"棋盘的制作。

8. 在盒子的里面制作立体景观，包括遵义会议会址、泸定桥、雪山、草地等景观，用不织布及纸盒拼接完成。

(四) 玩法介绍

1. 万里长征路

（1）玩法：

幼儿打开玩教具盒子（图10-4-4），取出"小小行军棋"棋盘，将红军战士棋子放在起始处，从起始处出发，根据掷出骰子的点数沿着路线图前进相应的格数，通过游戏了解红军长征途中的重要历史事件。在此环节，教师可以与幼儿一同看图讲述，了解历史事件中更多的故事及其重要意义。

（2）教育价值：

初步了解红军长征路上的重要历史事件。

2. 长征故事

（1）玩法：

幼儿翻阅红色故事绘本，观察绘本故事画面，根据画面的内容与同伴进行看图讲述游戏（图10-4-5）。

图 10-4-4　　　　　　　　图 10-4-5

（2）教育价值：

①引导幼儿通过观察绘本故事画面内容，理解故事情节，完整、连贯、有重点地讲述故事，培养幼儿的观察力和语言表达能力，锻炼其语言逻辑思维的发展，促进其语言能力的发展。

②引导幼儿阅读英雄人物的故事，让幼儿从小学习小英雄们不怕艰苦、坚强勇敢的良好品质。

3. 小小行军棋

（1）玩法一：单人游戏（图10－4－6）。

玩法：一名幼儿游戏，投掷骰子，骰子面朝上的点数即表示向前行走同等数量的棋盘格。从红色五角星处的"瑞金"位置出发，沿着路线图前进，坚持走到终点"延安"，走完长征路。

教育价值：

①通过点数与一一对应，培养幼儿的数学能力。

②提高自我管理能力，增加幼儿的自信心和独立性。

③培养幼儿做事的专注力。

④了解红军长征途中重要的历史事件，体会先辈们的艰辛历程，在玩乐中学习历史。

（2）玩法二：多人游戏（图10－4－7）。

玩法：多名幼儿游戏，幼儿之间商定"谁先出发"的游戏规则，如通过猜拳游戏分出胜负，以确定谁先投掷骰子出发，或是投掷骰子，骰子点数多的幼儿先出发等方法，鼓励幼儿大胆制订游戏规则。然后，幼儿依次掷骰子，并按照掷出骰子的点数向前行走同等数量的棋盘格。从红色五角星处的"瑞金"位置出发，沿着路线图前进，坚持走到终点"延安"，走完长征路。

图10－4－6　　　　　　　　　　图10－4－7

教育价值：

①通过点数与一一对应，培养幼儿的数学能力。

②幼儿人数多的时候，轮流游戏，提高幼儿遵守游戏规则的意识，培养幼

儿解决问题的能力及社交能力。

③幼儿能大胆地参与竞赛游戏，体验游戏的乐趣。

④对弈有输赢，可以培养幼儿的抗挫折能力。

⑤初步了解长征路上的重要历史事件，体会先辈们的艰辛历程，在玩乐中学习历史。

玩教具五：万里长征路

作者：北京市东城区春江幼儿园　胡　冉

扫码看彩图 10 - 5 - 1

（一）作品外形和结构

此款玩教具的整体外形为正方体，造型为机器人外形。机器人与战争中的红军们跨世纪相结合，意在告诉革命先辈们，新中国的盛世已如他们所愿。作品整体底色鲜艳、亮丽，尺寸为 60 厘米（长）×35 厘米（宽）×75 厘米（高）。此款玩教具有 4 个面，红色大门打开之后，上面写着"万里长征路"，告诉小朋友们长征路上的革命事迹，另外三面围绕着长征路上的事迹，进行游戏介绍及玩法说明。

（二）主要功能和特点

1. 每个中国人都听过红军长征两万五千里的革命历史。此款玩教具的主题结合了红色经典，围绕着"长征"的主题而设计，弘扬着"红色经典记心间"的主旋律，为幼儿创设了爱国主义教育环境与氛围。

2. 此款玩教具采用的是立体外形、多面设计，围绕着红军长征路上遇到的重要历史事件展开，通过游戏的形式让幼儿深刻了解革命历史和英雄事迹，增强爱国主义情感，引导幼儿学习革命先辈们不怕艰苦、不怕困难的精神，让幼儿拥有健康的体魄，培养幼儿良好的品格和习惯。

3. 此款玩教具五颜六色且有多种玩法，这些都会吸引幼儿的注意力，通过各种玩法培养幼儿动手能力、手眼协调的能力、专注力及空间感知能力，促进幼儿全面发展。

（三）作品制作方法

此款玩教具的外形为机器人外形，准备一个大纸箱，把它竖起来，其中一面不封口，留着做红色历史的大门，剩下的三面均封口，分别写上游戏名称"飞夺泸定桥""巧渡金沙江""红军过草地"。

1. 红色历史大门

将没有封口的一面当做大门，用红色的硬卡纸包裹并粘贴，在中间挖剪出两个孔，作为大门的"门锁"，找一张与纸箱面一样大的红纸作为背景，粘在纸箱的里面，准备好红军长征的路线及简要过程的图文介绍的卡片，贴在红纸上（图 10 - 5 - 1）。

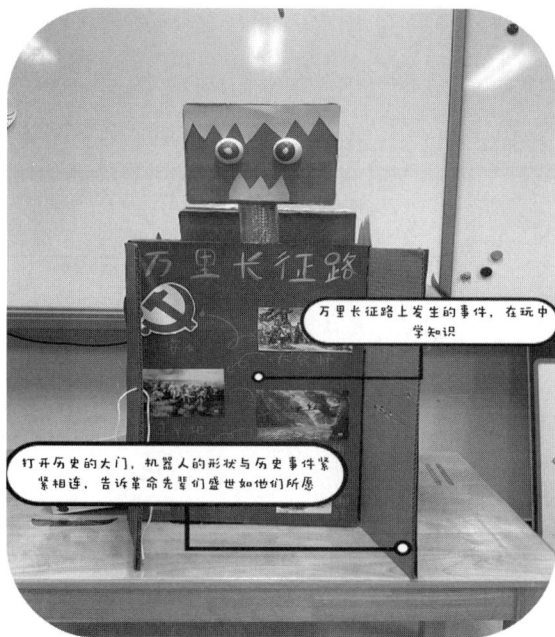

图 10 - 5 - 1

2. 红军过草地

准备一个没有盖子的长方体纸盒和 2 张与长方体纸盒内侧一样大小的硬纸板，将两张硬纸板随机挖剪成一个洞多和一个洞少的两块纸板。再准备一根一厘米宽的纸板条，随机剪成长短不一的纸板，竖着粘贴在两块纸板上，做成迷宫样式的两面城墙，组合出一个陷阱迷宫（图 10 - 5 - 2）。

3. 巧渡金沙江

准备一个长方形的纸板，还有一块比长方形小一半的纸板和小木棍若干。将长方形纸板和小纸板连接好，做成一个 60 厘米（长）×30 厘米（宽）×16 厘米（高）的长方体。将小木棍一根一根地插在小纸板上，作为障碍物。纸板下方需要制作一个可以转动的方向盘，让它连接一个小盒子，通过转动方向盘，可以控制小盒子左右移动，用来接住从上方掉落下来的小球。没接住的小球会顺着下方的斜坡落进纸盒下面的小抽屉里（图 10 - 5 - 3）。

4. 飞夺泸定桥

首先，准备一个比纸箱里面的纸板面积小一点儿的纸盒，在纸盒的 4 条边上分别粘上超轻黏土，作为"飞夺泸定桥"场景中的悬崖；其次，准备和纸盒内侧大小一样的不同颜色的纸板，将其剪成不同形状的图形卡片，类似"俄罗斯方块"游戏中的方块样式；最后，在纸盒的旁边准备一个小盒子，用来装不同形状的方块卡片，方便幼儿随时拿取、使用。游戏时，引导幼儿将不同形状、数量的图形卡片拼到与悬崖持平的位置，这样，红军战士们就可以顺利地通过泸定桥了（图 10 - 5 - 4）。

图 10 - 5 - 2

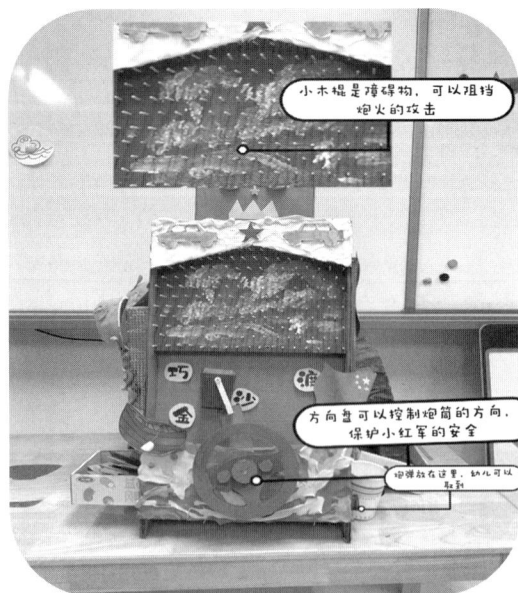

图 10 - 5 - 3

用不同形状、不同颜色的图形卡片拼摆

采取图形拼接的方式，将图形拼到悬崖顶上

存放图形卡片的盒子，方便幼儿收纳

图 10 - 5 - 4

（四）玩法介绍

1. 万里长征路

（1）玩法：

历史事件图片的左侧有对应的年份和月份，引导幼儿了解红军长征路上发生了哪些重大的历史事件，这些事件对应着哪一年、哪个月。请幼儿用语言讲述自己了解的红军长征路上的历史事件，并说说听到这些事件有哪些感想（图 10 - 5 - 5）。

（2）教育价值：

①有助于拓展幼儿有关万里长征路的知识和经验。

②激发幼儿爱国主义情怀。

2. 红军过草地

（1）玩法一：单人游戏。

一人手持"过草地"游戏盒，将一枚小球从迷宫的左上方放入迷宫（小球代表着红军），让小球安全地通过迷宫，滚到右下角，中途不能掉入陷阱（孔洞）里（图 10 - 5 - 6）。

教育价值：

①锻炼幼儿的手部的精细动作、手眼协调能力及控球能力。

②培养幼儿的观察力、思考力、专注力和耐心。

图 10 - 5 - 5

图 10 - 5 - 6

（2）玩法二：双人游戏。

两名幼儿合作游戏，让小球完成躲避陷阱、走出迷宫的游戏任务（图 10 - 5 - 7）。

教师也可以提供两个迷宫盒。两名幼儿经过协商后，根据自己的喜好和能力选择适合自己的迷宫盒，让小球走出迷宫。两人一起玩"红军过草地"的游戏，比一比，看谁的小球最先到达指定的位置。

教育价值：

①锻炼幼儿的合作与协商能力，增进同伴关系，培养同伴互助的情谊。

②游戏玩法多样，可供幼儿根据自己的能力与水平进行选择，培养幼儿自主游戏的能力。

3. 飞夺泸定桥

（1）玩法：

幼儿随机取出右侧盒子里的图形卡片，通过不同形状的图形拼接（注意中间不留空隙），将图形拼完整，图形高度与"悬崖"持平，表示红军可以通过泸定桥了（图 10 - 5 - 8）。

（2）教育价值：

①培养幼儿思维的逻辑性和空间感知能力，提高幼儿的空间想象力和推理能力，锻炼幼儿的观察力和专注力。

②锻炼幼儿的动手能力，促进幼儿智力发育。

4. 巧渡金沙江

（1）玩法一：一名幼儿在玩具盒上方的开口处投放"炸弹"（小球代替），让炸弹自由下落，通过用小棍设置的障碍区。另一名幼儿在玩具盒的下方通过转动方向盘，使小盒左右移动，接住敌军投下的炸弹（图 10 - 5 - 9）。

图 10－5－7　　　　　　图 10－5－8　　　　　　图 10－5－9

（2）玩法二：首先，给转动方向盘的幼儿蒙住双眼。由投放炸弹的幼儿快速地说出小球下落的方向，比如，"往左一点儿""往右一点儿""再往右一点儿"等，指导蒙住双眼的幼儿转动方向盘，接住下落的小球。

（3）教育价值：

①通过接住小球，锻炼幼儿手眼的协调能力，感受物体自由下落的过程，提高幼儿的专注力和反应能力。

②提高幼儿倾听指令和快速反应的能力，加强分辨左右的能力和方向感。

③提高幼儿对方位的认知及空间感知能力，增强同伴的合作关系。

玩教具六：小小兵训练营

作者：北京市东城区春江幼儿园　吕梦蝶

（一）作品外形和结构

扫码看彩图 10－6－1

此款玩教具是一款以中国革命历史为主题的立体手工制品，采用了精美、细致的制作工艺，外形独特，结构精致，寓教于乐，通过游戏让幼儿了解红军的光辉历程。此款玩教具使用时较为稳固，操作时拿取方便，设计合理、科学，适用于 3～6 岁幼儿，可广泛应用于课堂活动或幼儿日常活动。操作内容可根据需要随时更换，能长期使用，具有可操作性强的特点，能吸引幼儿积极、主动地参与学习、操作活动。同时，利用生活中的废旧材料进行制作，变废为宝，安全又环保。

此款玩教具整体外形为房屋形，尺寸为 55 厘米（长）×60 厘米（宽）×35 厘米（高），共有 6 个面，以迷彩底色为主，红、黄、白 3 种颜色为辅，色彩鲜明，具有强烈的视觉冲击力。玩教具采用了具有代表性的红色五角星和红军士兵模型作为设计元素，盒子的正面贴有"小小兵训练营"字样，突显了军事训练的严肃性（图 10-6-1）。

此款玩教具内部结构巧妙，包含了多个可以活动的组件，如军车、坦克、堡垒、草地等，每个部件各具独特的形状和红色教育功能，能激发幼儿的想象力和动手能力。

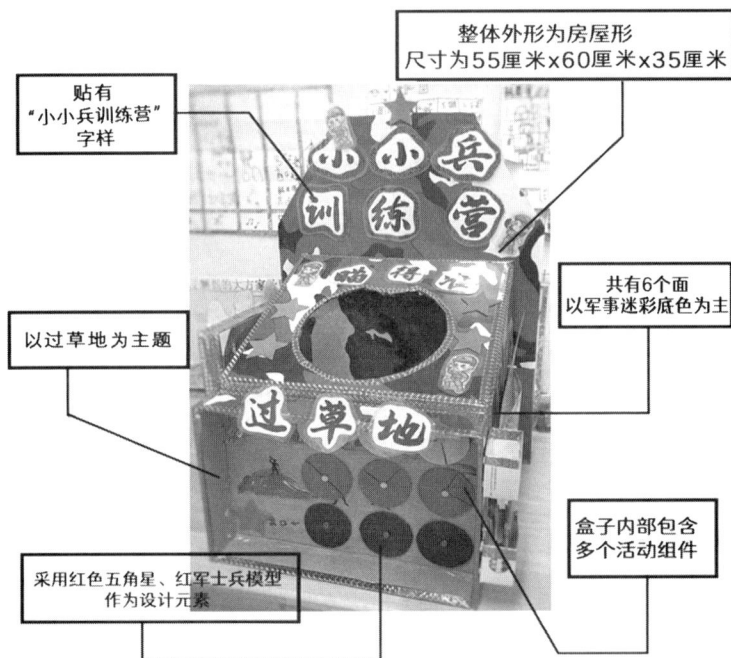

贴有"小小兵训练营"字样

整体外形为房屋形
尺寸为55厘米×60厘米×35厘米

共有6个面
以军事迷彩底色为主

以过草地为主题

盒子内部包含
多个活动组件

采用红色五角星、红军士兵模型作为设计元素

图 10-6-1

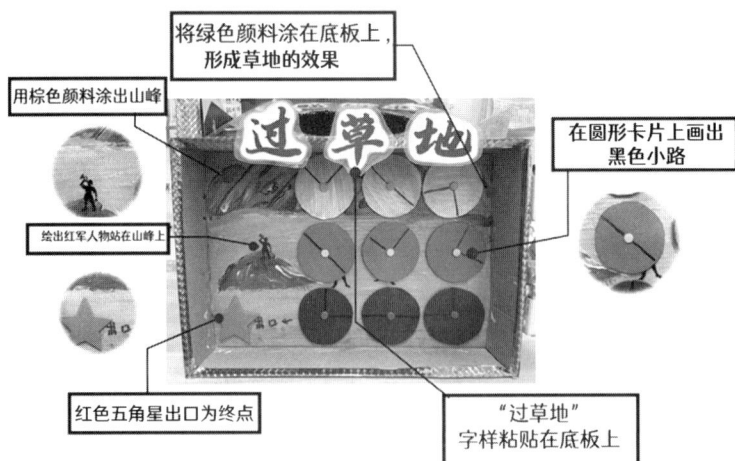

将绿色颜料涂在底板上，形成草地的效果

用棕色颜料涂出山峰

在圆形卡片上画出黑色小路

绘出红军人物站在山峰上

红色五角星出口为终点

"过草地"字样粘贴在底板上

图 10-6-2

用胶水粘贴"炸碉堡"字样

手绘碉堡背景墙

手绘红军战士

几何形状的碉堡砖纸板粘贴在此处

砌碉堡用的砖

碉堡砖置物盒

图 10 - 6 - 3

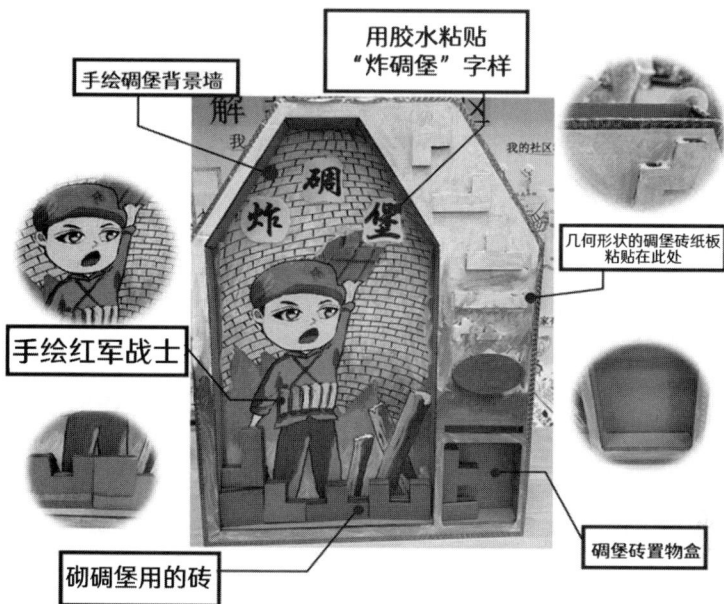

在正方形图卡上画出红色五角星，将正方形图卡分别贴在长方形之上

"开军车"字样贴在纸盒的上方

调整军车布局使整个图片看起来协调和平衡

小方格盒用热熔胶粘贴

两侧军车图片用胶水粘贴

图 10 - 6 - 4

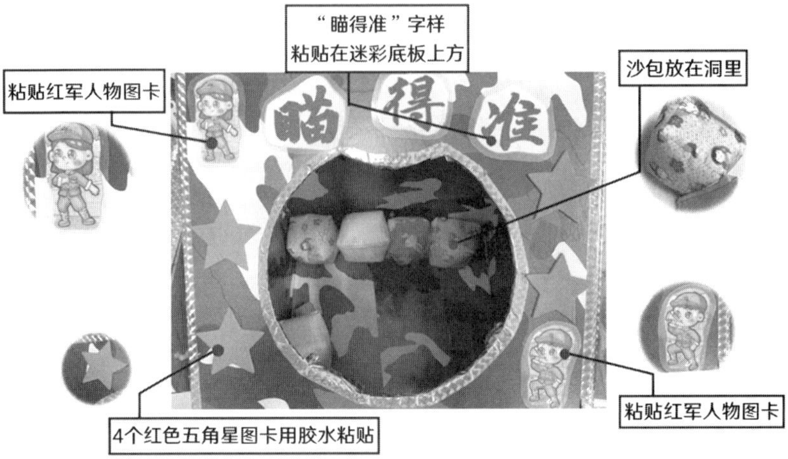

"瞄得准"字样
粘贴在迷彩底板上方

粘贴红军人物图卡

沙包放在洞里

4个红色五角星图卡用胶水粘贴

粘贴红军人物图卡

图 10 - 6 - 5

卡片若干放置上方置物盒

手绘北京经典建筑造型

小置物盒两个，分别用热熔胶粘贴在底板左侧上下两个位置

棋子

红色五角星放在置物盒内

"机会"卡片放在此处

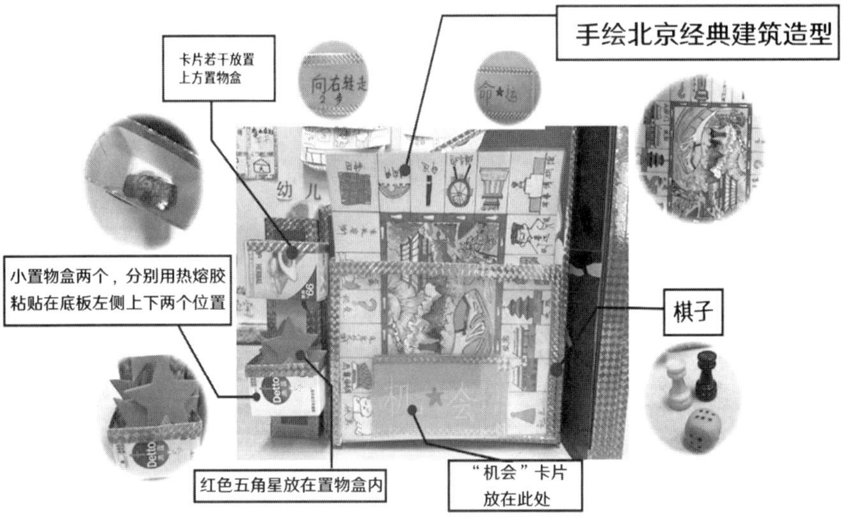

图 10 - 6 - 6

（二）主要功能和特点

1. 渗透爱国主义教育

此款玩教具旨在引导幼儿了解中国革命历史和长征精神，通过游戏让幼儿了解红军长征途中的艰难险阻，培养幼儿不怕困难的精神。

2. 锻炼手眼协调能力

幼儿在游戏过程中，需要认真思考，观察后做出判断并动手操作，这不仅可以锻炼幼儿的手眼协调能力，还能提高其创新思维和解决问题的能力。

3. 促进合作与互动能力的发展

幼儿可以和同伴合作游戏，提高人际交往与合作的能力，增进彼此之间的感情，筑牢团结互助意识。

4. 拓宽知识面

幼儿通过红军士兵模型、军车、飞机、坦克等组件，了解军事装备、红军着装与形象等，从而拓宽知识面。

5. 材料环保、安全

所有组件都是由环保、安全的材料制作而成，保证了幼儿在使用过程中的安全性和健康。

（三）作品制作方法

1. 整体框架制作方法

（1）准备工具和材料：废旧纸箱、尺子、剪刀、胶水、颜料、笔、热熔胶枪、彩色卡纸、A4 纸等。

（2）设计房屋布局：制作前先构思好房屋的整体布局和摆设，在 A4 纸上画出房屋的模型，标注相应的尺寸。

（3）剪下所需组件：按照画好的模型尺寸，用剪刀剪出房屋所需的正方形墙体和长方形屋顶；用红色卡纸剪下若干颗五角星；剪下绿色圆形纸板若干，当做绿草地；剪下不同形状的碉堡纸板；用纸板剪下不同形状的长方形和大小一致的正方形；用彩色卡纸制作小正方体；在黄色卡纸上写出"过草地""炸碉堡""开军车""瞄得准""机会"字样并剪下塑封。

（4）制作小屋框架：将剪好的房屋墙体、屋顶等用热熔胶粘合，搭建出房屋的整体框架，包括门窗等部分。

2. 内部区域制作方法

（1）"过草地"制作方法（图 10 - 6 - 2）。

①将绿色颜料涂在底板上，形成草地的效果，再用记号笔画出草地上的纹理和细节。用棕色颜料在底板上画出山峰，并画出红军人物站在山峰上。

②将圆形纸板用两脚钉固定在绿色草地上，给圆形卡片涂上不同的颜色，在上面画出小路。

③将红色五角星图卡和"过草地"字样粘贴在底板的上方，制作过草地的场景。可以在场景上添加一些细节，如小鸟、石头等，使场景看起来更加生动。

（2）"炸碉堡"制作方法（图 10 - 6 - 3）。

①将不同形状的碉堡砖块纸板粘贴在整个玩教具右侧的空白处。

②用颜料笔画出背景墙碉堡砖，用铅笔描绘红军士兵的轮廓，并涂上颜色并晾干。

③将"炸碉堡"字样粘贴在底板的上方，注意要粘贴平整。

（3）"开军车"制作方法（图 10-6-4）。

①给事先剪好的长方形、正方形纸板染上绿色颜料；待颜料晾干后，在正方形上用红色笔画出五角星；将正方形纸板分别贴在长方形纸板的上面。

②根据纸板大小，调整军车布局，使整个图片看起来协调和平衡。

③剪下军车图形粘贴在下方，将"开军车"字样剪下封塑，用双面胶粘贴在整个纸板的上方。

（4）"瞄得准"制作方法（图 10-6-5）。

①根据小房屋的墙体大小挖剪掉一块圆形纸板；将事先制作好的小正方体纸盒放置洞中。

②把迷彩纸粘贴在底板上，将四个五角星和"瞄得准"字样一并粘贴在迷彩底板上。

③进行细节装饰，在圆形洞口及外围贴上反光条。

（5）"智勇棋"制作方法（图 10-6-6）。

①取一张白色纸板，在中间的正方形区域画出北京经典建筑造型，四周画出老北京不同的标志物。

②将制作好的小置物盒用热熔胶粘贴在底板左边，并将红色五角星放在置物盒内。

③将写在橘色纸板上的"机会"字样剪下并塑封，放在智勇棋棋盘中间。

（四）玩法介绍

1. 过草地

（1）玩法：

幼儿需要将两个对应的红军形象卡片分别放在迷宫盒的左边和右边，然后逐一转动纸盒上的圆形纸板，连出正确的路线，帮助红军顺利通过草地。游戏过程中，需要幼儿仔细观察、认真思考和尝试，找到正确的路线，让红军能够成功地通过草地（图 10-6-7）。

（2）教育价值：

此款玩教具让幼儿在游戏的过程中提高专注力、空间思维能力和想象力，锻炼幼儿手指的灵活性，通过转动圆形纸板将小路的路径连在一起，形成走出草地的路线，通过走迷宫的游戏形式让幼儿感受红军在过草地时所面临的困境和挑战。

2. 炸碉堡

（1）玩法：

两名幼儿轮流游戏。一名幼儿先随机抓取一块碉堡砖头，将砖头从最右侧通道放下，使其掉入右下方的凹槽内。接着，按动"开始"按钮的幼儿需要将掉入凹槽内的砖头拼入碉堡砖墙的背景框内。另一名幼儿再按动"开始"按钮，进行游戏。两名幼儿比赛，看谁满行的图形最多即为获胜（图 10-6-8）。

（2）教育价值：

此款玩教具以炸碉堡为背景，通过移动、旋转、组合等方式拼图形，能提高幼儿的观察力、专注力及空间思维能力。

图 10-6-7 　　　　　　　　　　　　　图 10-6-8

3. 开军车

（1）玩法：

幼儿需要左右或上下挪动挡住出口路线的军车，让行动军车顺利地开出停车场。游戏提供了不同难度级别的关卡，幼儿可以根据自己的能力和兴趣选择适合自己的难度级别。随着游戏难度的增加，挡住出口路线的军车数量也会增加，幼儿需要更加细心地观察和思考，才能找到正确的移动方式，让军车顺利地开出停车场（图 10-6-9）。

（2）教育价值：

此款玩教具为幼儿设计了不同的游戏难度，能有效地提升幼儿的逻辑思维能力，培养幼儿的观察力和专注力。

4. 瞄得准

（1）玩法：

在游戏中，幼儿需要模仿小红军日常军事训练中的瞄准投掷动作，通过肩上挥臂投掷的方式左右手交替地将炸弹向前上方投出（图 10-6-10）。本游戏提供了不同的难度级别和挑战模式，幼儿可以根据自己的能力和兴趣选择适合自己的游戏方式。

（2）教育价值：

幼儿需要不断地尝试和总结投得远和投得准的方法，通过这种方式，可以锻炼自己的观察力和判断力，掌握正确的投掷技巧和方法。同时，游戏中的趣味性和挑战性也能让幼儿乐于参加投掷活动，体验投掷游戏的乐趣。

图 10 - 6 - 9   图 10 - 6 - 10

5. 智勇棋

（1）玩法：

幼儿需要按照掷出骰子的数字走相应数量的格子，从起点出发，最终走完全部的红色教育基地，就可以得到一枚红色五角星贴纸。如果走到机会格，需要根据机会卡片上提出的任务完成相应的挑战。完成任务后，即可得到相应的红色五角星贴纸。如果走到命运格，则需要完成命运格上相应的任务。任务完成后，游戏继续进行（图 10 - 6 - 11）。

（2）教育价值：

本游戏以打卡的形式将北京红色教育基地景点图片作为背景，让幼儿更加深入地了解北京的红色文化和历史，通过任务和挑战，幼儿可以更加全面地了解每个红色教育基地的历史背景和有代表性的标志物。同时，游戏也具有一定的挑战性和趣味性，可以让幼儿在游戏中体验快乐和成就感。

图 10 - 6 - 11

玩教具七：王牌投弹手

作者：北京市东城区春江幼儿园 刘 蕊

（一）作品外形和结构

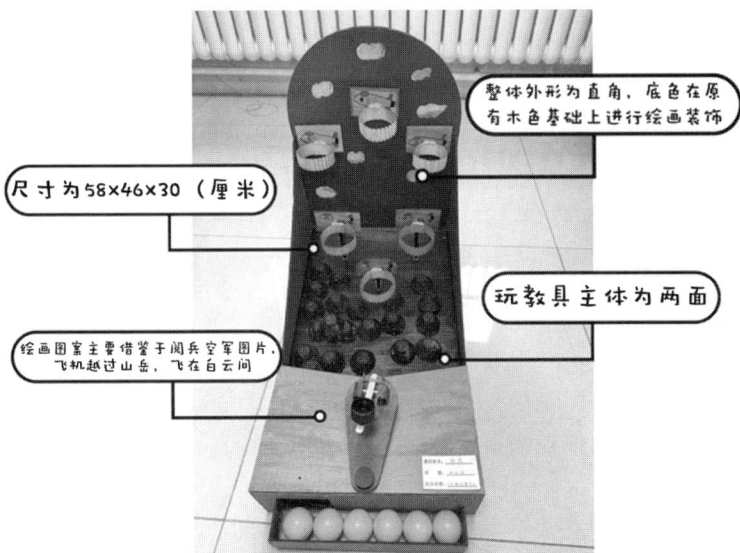

扫码看彩图 10 - 7 - 1

图 10 - 7 - 1

此款玩教具的整体外形为直角形，以原有木色为底色，在此基础上进行绘画装饰，画有绿色丘陵、蓝天、白云等。尺寸为 58 厘米×46 厘米×30 厘米。玩教具主体分为两面，主要模仿了投弹击打空中飞机的场景（图 10 - 7 - 1）。

（二）主要功能和特点

1. 此款玩教具的设计灵感来自抗战时期军人投弹炸毁敌机的场景，设计有模拟投弹的装置，通过弹射小球，让小球落入飞机支架的圆圈内，表示投弹炸毁敌机一架（图 10 - 7 - 2）。

2. 在投弹过程中，幼儿不怕失败，勇于尝试，感受革命军人在战争中顽强斗争的意志品质。

3. 革命军人坚韧的意志是幼儿学习的榜样。游戏通过模拟军人投弹的方式对幼儿实施革命传统教育，引导幼儿从小树立实现伟大中国梦的崇高理想，培养新时代的好儿童。

4. 此款玩教具适宜中班幼儿游戏使用。中班幼儿手部小肌肉不断发展，通过控制发射器和方位变化，将小球弹进圆圈支架内，提高动手能力和手部力

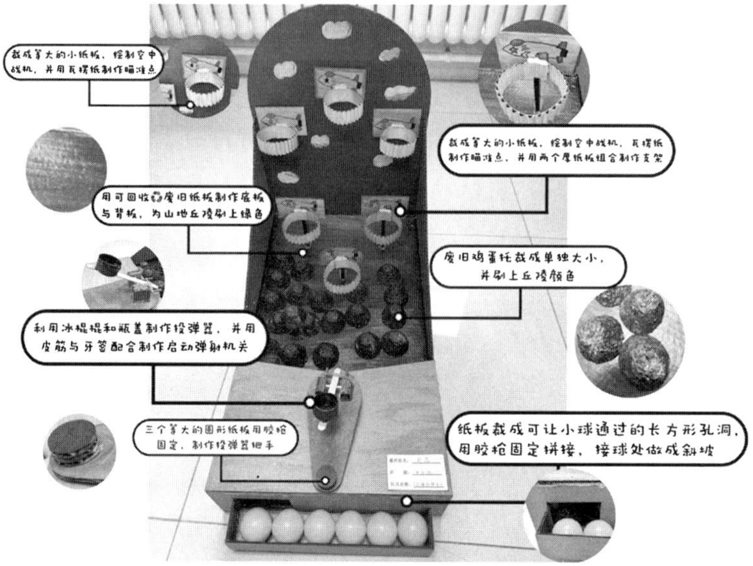

数成算大的小纸板，控制空中线机，并用瓦楞纸制作瞄准点。

数成算大的小纸板，控制空中线机，瓦楞纸制作瞄准点，并用两个瓦楞纸组合制作支架。

用可回收旧纸板制作底板与背板，为山地丘陵刷上绿色。

废旧鸡蛋托裁成单独大小，并刷上丘陵颜色。

利用冰棍和瓶盖制作投弹器，并用皮筋与牙签配合制作启动弹射机关。

三个算大的圆形纸板用胶枪固定，制作投弹器把手。

纸板裁成可让小球通过的长方形孔洞，用胶枪固定拼接，接球处做成斜坡。

图 10 - 7 - 2

量的控制能力。幼儿可以在投弹的过程中锻炼双手的灵活性和准确度，培养手眼协调能力及精细动作的发展，通过不断的练习，培养其做事情的耐心和毅力，增强幼儿的自信心。

5. 中班幼儿喜欢竞赛类游戏。幼儿可以利用小球和蛋壳等不同的材料作为炮弹，练习投弹。幼儿可以根据炮弹不同的重量，控制小手按压发射器的力度，让炮弹击中飞机（即将炮弹投入瓦楞纸制作的纸圈中）。此游戏可以增强幼儿有关重量的数学经验，还能提升幼儿手部的控制能力。

6. 两名幼儿比赛，一名幼儿利用鸡蛋托设置障碍，垒高鸡蛋托使投弹难度增加，另一名幼儿进行投掷，两名幼儿轮流投掷，看看谁投得多，可以利用小蛋壳进行计数。在游戏过程中，锻炼幼儿的数学计数能力。两名幼儿共同游戏，促进其社会性发展。

7. 幼儿可以将鸡蛋托取出，凹面朝上，摆放在地面上。幼儿让小球落地弹起，使小球弹进鸡蛋托里，锻炼幼儿观察小球落地的角度与力度，学会控制小球，让其落入鸡蛋托内，提高幼儿手部的控制能力及手眼的协调能力。

（三）作品制作方法

1. 将一个长方形纸板作为底板，将另一个长方形纸板的一端裁成半圆形，作为背板。

2. 将底板和背板用胶枪固定。底板用丙烯颜料涂成绿色，当做草地。背板涂上蓝色，当做蓝天，在蓝天的背景上画出白云。

3. 用一块小长方形纸板制作发射器的底盘，并用丙烯颜料涂成灰色。

4. 从硬纸板上剪下一块椭圆形，和 3 个小圆板叠加在一起，制成发射器的把手。

5. 将 3 个小正方形纸板叠加在一起，将牙签的一半插入小正方形的侧面。用同样的方法再做一个。在小正方形正面靠上的位置打孔，将牙签穿入孔中，制成发射器的杠杆，然后，在杠杆的正下方打孔。

6. 将小瓶盖粘在冰棍棍儿靠上的一端，利用胶枪将冰棍棍儿居中靠下的位置固定在杠杆上，用皮筋将冰棍棍儿的下端压住，固定在两个小正方形支出来的牙签上，形成杠杆原理的发射器。

7. 将发射器底盘靠前的位置用两个小圆片支起来，并用胶枪在小圆片的后端固定一根小牙签，将发射器的小孔与底盘上的小牙签对应上。

8. 将鸡蛋托盘分割成单个鸡蛋托，并利用绿色丙烯颜料给鸡蛋托凸起的面上色，制作成山丘的样子，选择一至两个用胶枪固定在底板上，当做小山丘。

9. 将小长方形纸板当做目标背板，在背板上绘制空中战机，把瓦楞纸裁成小长条，围成空心圈，固定在背板上，再用厚纸板作为立柱，固定在底板上。

（四）玩法介绍

1. 击中敌机

玩法：幼儿一手控制发射器操作杆，一手控制发射装置，将炮弹（小球代替）投出，击中空中敌机，即将小球投入瓦楞纸制作的空心圈中，注意控制手部力度（图 10 - 7 - 3）。

教育价值：

（1）锻炼幼儿手部的控制能力。

（2）提高幼儿的手眼协调能力。

2. 两种炮弹打敌机

玩法：幼儿将小球和蛋壳分别当做炮弹，进行投掷游戏，通过比较炮弹的重量，调整手部不同的力度，用炮弹击中敌机（图 10 - 7 - 4）。

教育价值：

（1）锻炼幼儿手部小肌肉的发展，能控制好手的力度。

（2）培养幼儿数学比较能力，通过比较炮弹不同的重量，调整投掷小球的力度。

3. 比一比

玩法：一名幼儿将鸡蛋托放在底盘中垒高，为投弹制造难度。另一名幼儿作为投弹手，进行投掷游戏。两名幼儿轮换游戏，进行比赛，看看谁击中的敌机多，同时，利用鸡蛋托进行计数（图 10 - 7 - 5）。

教育价值：

（1）锻炼幼儿的逻辑思维能力，自行设置障碍进行投弹，提高游戏难度。

（2）促进同伴之间的互动与交流，形成初步的竞争意识，培养幼儿的社会性发展。

（3）通过计数，培养幼儿数学点数的能力。

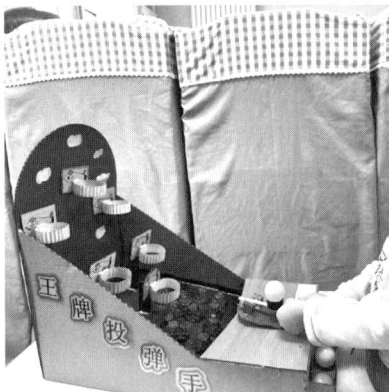 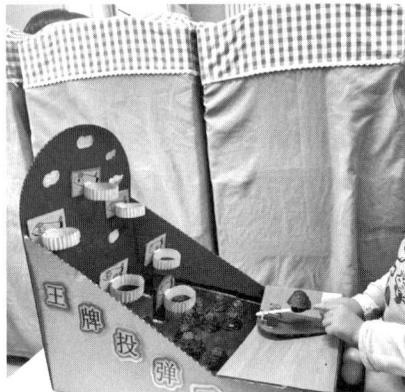

图 10 - 7 - 3　　　　　　　　　　　　图 10 - 7 - 4

4. 小球击地弹射

单人玩法：幼儿可以将鸡蛋托凹面朝上，通过小球落地弹射的方式，将小球弹入鸡蛋托内（图 10 - 7 - 6）。

教育价值：

（1）训练幼儿注意观察小球投掷的角度，掌握投掷小球的力度。

（2）培养幼儿手眼的协调能力，锻炼双手的灵活性并发展手部精细动作。

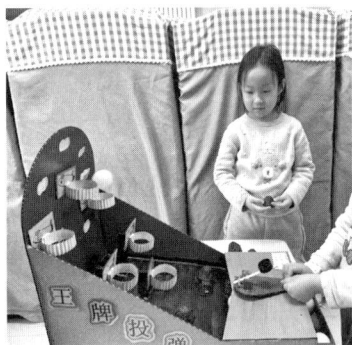

图 10 - 7 - 5　　　　　　　　　　　　图 10 - 7 - 6

5. 投球进托比赛

双人玩法：将鸡蛋托凹面朝上，5 个摆成一排，通过小球落地弹射的方式，将小球弹入鸡蛋托内（图 10 - 7 - 7）。两个小朋友比赛，看看谁投中的又多又快。

教育价值：

（1）锻炼幼儿观察小球落地与弹射的角度，控制好投掷小球的力度。

（2）培养幼儿手眼的协调能力，锻炼双手的灵活性及精细动作的发展。

（3）促进幼儿与同伴游戏的能力，形成初步的竞争意识，培养幼儿的社会性发展。

图 10 - 7 - 7

玩教具八：草原英雄小姐妹

作者：北京市东城区春江幼儿园　周金浩

（一）作品外形和结构

扫码看彩图 10 - 8 - 1

尺寸为55厘米×60厘米×35厘米

整体外形为房屋形，整体底色为原木色，屋顶为棕色

玩教具共有六个面

绘画图案主要借鉴于《草原英雄小姐妹》绘本故事插图

图 10 - 8 - 1

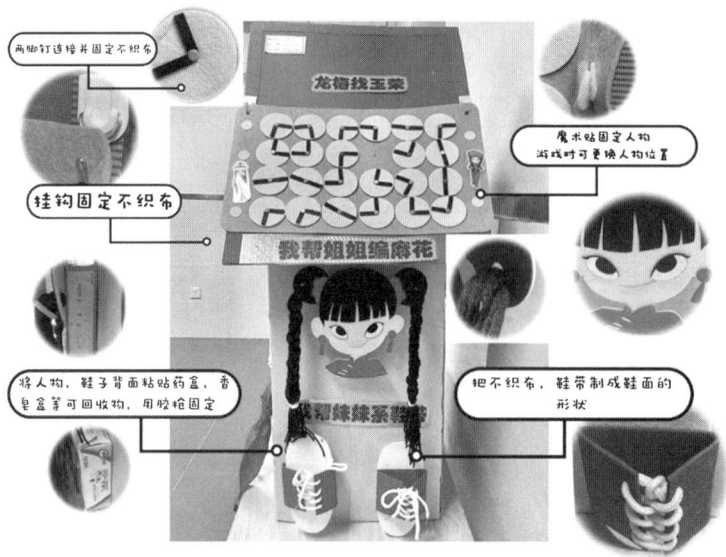

两脚钉连接并固定不织布

魔术贴固定人物，游戏时可更换人物位置

挂钩固定不织布

龙梅找玉荣

我帮姐姐编麻花

将人物、鞋子背面粘贴药盒、香皂盒等可回收物，用胶枪固定

把不织布、鞋带制成鞋面的形状

图 10-8-2

此款玩教具的整体外形为房屋形，整体底色为原木色，屋顶为棕色，尺寸为 55 厘米×60 厘米×35 厘米，共有 6 个面。"玉荣寻羊""两姐妹戴红领巾"绘画图案主要借鉴于《草原英雄小姐妹》绘本故事插图（图 10-8-1）。

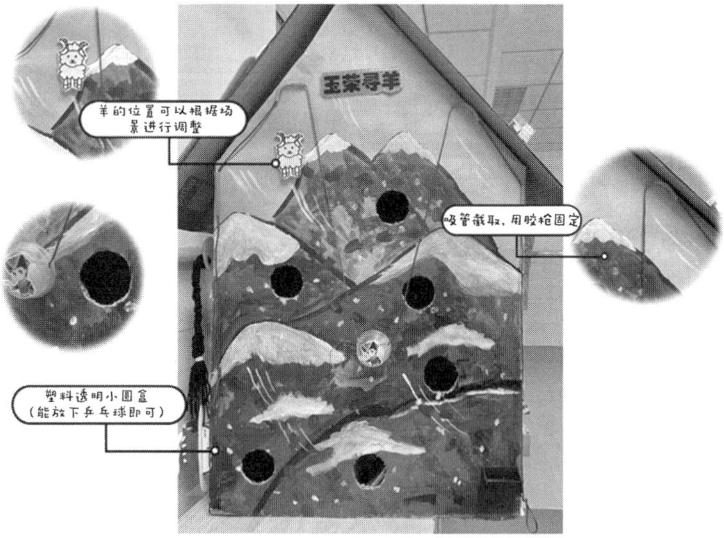

羊的位置可以根据场景进行调整

玉荣寻羊

吸管截取，用胶枪固定

塑料透明小圆盒（能放下乒乓球即可）

图 10-8-3

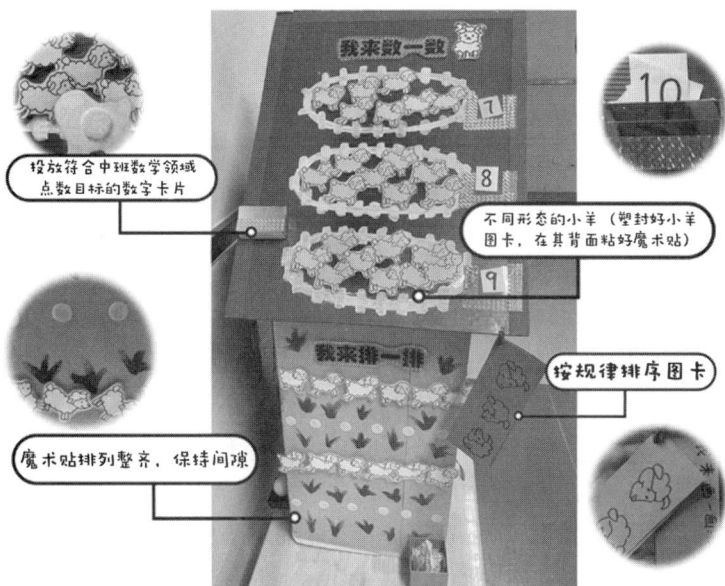

图 10 - 8 - 4

图 10 - 8 - 5

（二）主要功能和特点

1. 此款玩教具的设计灵感来自中国红色经典绘本故事《草原英雄小姐妹》。这是一个真实发生的故事，被人们广为传诵，适合作为幼儿爱国主义教育题材。

2. 此款玩教具属于多面设计，主要围绕两姐妹的鲜明形象和故事情节发展制作而成。通过视觉加深幼儿对故事主人公两姐妹的认识，让幼儿在玩的过程中对故事中的动人事迹有更深的理解。

3. 两姐妹为公社寻羊、护羊，体现了一心为公、坚韧不拔的意志，是幼儿学习的好榜样。玩教具通过人物形象制成的游戏道具宣传了英雄事迹，加强了对幼儿的革命传统教育和爱国主义教育，让幼儿从小树立实现伟大中国梦的崇高理想，培养新时代的好儿童。

4. 玩教具中的"龙梅找玉荣（图 10 - 8 - 2）"游戏也是根据故事情节设计的，可以两名幼儿进行游戏。一名幼儿调整"龙梅"与"玉荣"的位置。另一名幼儿转动小圆片，将两姐妹用路线连接起来。两人再一起验证，锻炼幼儿空间感的同时，也可以促进幼儿的社会性发展。

5. 此款玩教具适宜中班幼儿游戏使用。中班幼儿已经具备穿鞋带的能力，但系鞋带对于他们来说还有一定的难度。因此，游戏设计了"我帮姐姐编麻花"和"我帮妹妹系鞋带"，旨在进一步培养中班幼儿的自理能力，提高幼儿的动手能力。幼儿可以在探索系鞋带、编辫子的过程中锻炼双手的灵活性，培养手眼的协调能力，发展手部精细动作，通过不断地练习，培养幼儿做事情的耐心和毅力。另外，幼儿学习编辫子可以感受美，增强对美的感知和兴趣。同时，在编辫子的过程中，幼儿还练习了平均分配发量的能力、创编不同造型的辫子等，提高了自我管理能力，增强了幼儿的自信心和独立性。

6. 玩教具中"玉荣寻羊（图 10 - 8 - 3）"的游戏设计来自故事情节两姐妹在风雪弥漫的大山上经历寒冷、恐惧、饥饿、疲劳去找羊的片段。玩教具中利用双手拉、放的方式让幼儿根据路线找到羊，发展了幼儿的协调能力和控制能力。幼儿也可以和同伴共同游戏，两个人在沟通、配合中提高合作能力及方位表达能力。另外，"玉荣寻羊"整体画面是大面积的绿色，幼儿通过游戏视线跟随"玉荣"寻羊，使眼部肌肉得到锻炼，同时也起到了护眼的作用。

7. 玩教具中的"我来数一数"和"我来排一排"（图 10 - 8 - 4）都是根据故事情节设计的有关数学领域的游戏。"羊群图"设计了点数 1～10 和相邻数的玩法，符合中班数学领域目标。幼儿可以在"我来数一数"的游戏中，根据提供的数字，把相应数量的羊贴在羊圈里。此游戏也可以多名幼儿一起游戏，例如：一名幼儿出题，放数字，另一名幼儿根据数字往羊圈里贴相应数量的羊，还有一名幼儿可以检查羊的数量是否正确。另外，上、中、下羊圈里羊的数量各相差一个数，可以引导幼儿观察并计数，从而发现相邻数的秘密。

8. 在玩教具"我来排一排"中，幼儿可以根据图卡规律给羊群有规律地排序，也可以根据羊的不同形态自己创编规律进行排序。

9. 在绘本故事中，玉荣和龙梅加入了中国少先队，光荣地系上了红领巾。中班幼儿对小学生已经有了初步的了解。玩教具中的玉荣和龙梅也戴上了红领巾（图 10 - 8 - 5），幼儿可以通过看一看、摸一摸红领巾，跟随故事情节发展培养幼儿爱国主义情怀，激发幼儿向往上小学的情感。

（三）作品制作方法

1. 将两个废旧纸箱用热熔胶固定拼接成一个大长方形，再用纸板做出房顶。

2. 将牛皮纸用双面胶包裹整个房子，用棕色即时贴粘贴房顶，把红色瓦楞纸剪成条状，装饰房顶边缘。

3. 用不织布、毛线、鞋带等制作女孩头像、一双鞋和迷宫，再用热熔胶粘贴、组合。

4. 用彩笔、丙烯颜料等绘画"雪山"。将吸管剪短，在背板的左上方、右上方各粘贴两段，将彩绳穿进去预留出拉和放的余量。将塑料盒打 2 个孔，固定在彩绳中间。

5. 将材料中所需要的"羊""卡通人""图卡"等用彩笔绘画后剪下并塑封，背面在相应的位置粘上魔术粘扣。小置物盒用热熔胶固定在相应的位置。

6. 用彩笔、丙烯颜料绘画"两姐妹"，用白色超轻黏土装饰她们的帽沿等，用手工刀在两姐妹的肩膀处分别挖出两个大小适宜的洞，将红领巾穿过去，系在人物的胸前。

（四）玩法介绍

1. 玉荣寻羊

（1）玩法一：单人游戏。

幼儿用双手拉住绳子的两端，控制人物玉荣（小球代替）向上移动至小羊的位置。在移动人物玉荣的过程中，注意绳子要绷直，不要让玉荣掉落，同时注意躲避洞口。最终，将玉荣运到小羊的位置，则为成功（图 10 - 8 - 6）。

教育价值：

①锻炼幼儿双手、双臂的控制能力。

②发展幼儿手眼的协调能力。

（2）玩法二：双人游戏。

两名幼儿共同游戏。每个幼儿控制绳子的一端，互相配合，让小球在躲避障碍洞口和保持小球不掉的状态下，将小球运到小羊的位置（图 10 - 8 - 7）。

教育价值：

①锻炼幼儿与同伴的沟通能力、合作游戏的能力及方位表达能力。

②画面的大面积为绿色，是护眼色。幼儿在游戏中，眼睛会跟随人物移动，使眼部肌肉得到锻炼，同时，也起到了保护眼睛的作用。

图 10 - 8 - 6   图 10 - 8 - 7

2. 龙梅找玉荣

（1）玩法：

一名幼儿将左右两侧的人物龙梅和玉荣移动到纸板的任意位置。另一名幼儿转动圆形卡片，形成路线，让龙梅找到玉荣（图 10 - 8 - 8）。

（2）教育价值：

①锻炼幼儿的逻辑思维能力，促进幼儿空间推理能力的发展，提高辨别方向的能力。

②培养幼儿的观察力、思考力及专注力，以及做事情的耐心。

③在转动圆形图卡的方向时，发展幼儿手部的精细动作，为今后写字、绘画打下良好的基础。

3. 我帮姐姐编麻花

（1）玩法一：编两股辫。

幼儿解开头绳，把麻花辫解开，用梳子梳"头发"（图 10 - 8 - 9），再帮助姐姐编好两股辫，系上头绳。

教育价值：

①进一步培养中班幼儿的自理能力，提高动手能力。

②提高自我管理能力，增强幼儿的自信心，加强独立性。

③培养幼儿手眼的协调能力，锻炼双手的灵活性，发展手部的精细动作。

图 10 - 8 - 8　　　　　　　　　　　图 10 - 8 - 9

（2）玩法二：编三股辫。

幼儿学习编三股辫的技巧，可以与同伴或教师互相配合编辫子，也可以创新编辫子的方法。编好辫子后，将头绳系上（图 10 - 8 - 10）。

教育价值：

①通过不断练习编三股辫的技巧，发展幼儿手部的精细动作，培养幼儿的耐心和毅力。

②在编辫子的过程中感受美，提高审美能力。

③在编辫子的过程中，锻炼幼儿平均分配每股发量的能力及创新编辫子的方法等。

4. 我来数一数

（1）玩法。

①玩法一：赶羊进圈。

一名幼儿在羊圈旁边的卡片格里插入一张数字卡。另一名幼儿运用点数的方法，将相应数量的小羊卡片粘在羊圈里。两名幼儿再进行点数、验证羊的数量是否正确（图 10 - 8 - 11）。

图 10 - 8 - 10　　　　　　　　　　　图 10 - 8 - 11

②玩法二：相邻数羊圈。

一名幼儿在卡片格里插入相邻的 3 个数字（如 5、6、7）。3 个羊圈里要分别放入相应数量的羊。再引导幼儿进行点数、验证。如果发现有误，要对羊圈里的羊进行调整，最终达到数量正确。

（2）教育价值。

①通过实际操作，比较并理解数与数之间的关系，如 6 比 5 多 1，初步理解相邻数的概念。

②积累幼儿的数数经验，提高中班幼儿手口一致地点数能力。

5. 我来排一排

（1）玩法。

①玩法一：模仿排序。

初次玩的幼儿可以根据图卡中已经排好的羊的顺序，尝试模仿排序（图 10 - 8 - 12）。

②玩法二：创新排序。

幼儿可以根据羊的不同形态自由组合，按照自己设计的规律给小羊排序。

（2）教育价值。

①锻炼幼儿的观察能力和推理能力，形成初步的逻辑思维。

②培养幼儿的创造能力和按规律排序的能力。

图 10 - 8 - 12

玩教具九：神奇火箭军

作者：北京市东城区春江幼儿园　王依然

扫码看彩图 10 - 9 - 1

（一）作品外观和结构

此款玩教具的整体外形为长方体，整体底色为灰白砖墙，发射炮台涂成迷彩的样式，操作台为原木色，整体尺寸为 60 厘米×25 厘米×35 厘米。玩教具的两个关键部分"发射装置""操作控制装置"分别利用了气压和液压原理。掩体墙上的五角星与八一标志为中国人民解放军军徽。"DF-21"字样来自中国人民解放军火箭军的国之重器——东风弹道导弹编号（图 10 - 9 - 1、图 10 - 9 - 2）。

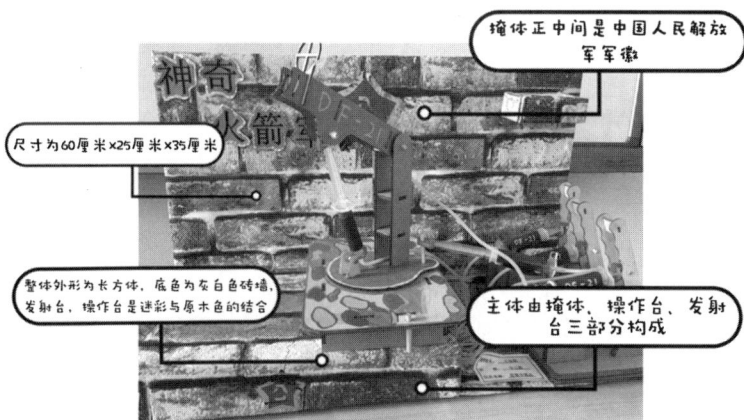

掩体正中间是中国人民解放军军徽

尺寸为60厘米×25厘米×35厘米

整体外形为长方体，底色为灰白色砖墙，发射台、操作台是迷彩与原木色的结合

主体由掩体、操作台、发射台三部分构成

图 10 - 9 - 1

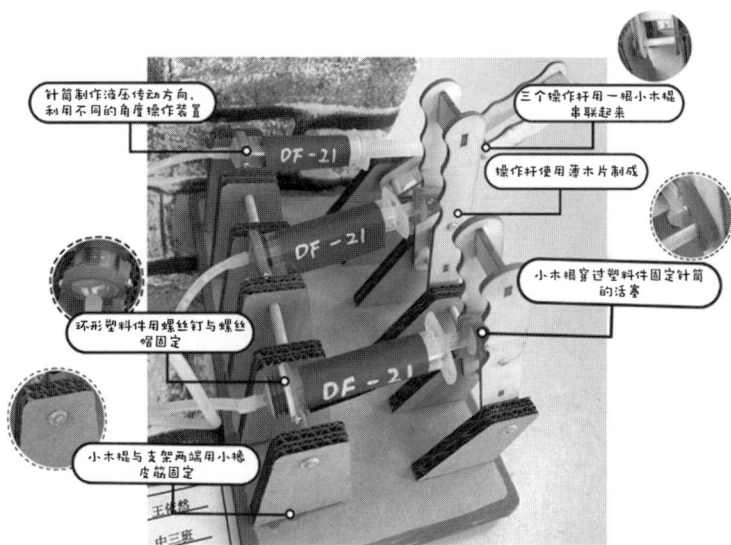

针筒制作液压传动方向，利用不同的角度操作装置

三个操作杆用一根小木根串联起来

操作杆使用薄木片制成

小木根穿进塑料件固定针筒的活塞

环形塑料件用螺丝钉与螺丝帽固定

小木棍与支架两端用小橡皮筋固定

图 10 - 9 - 2

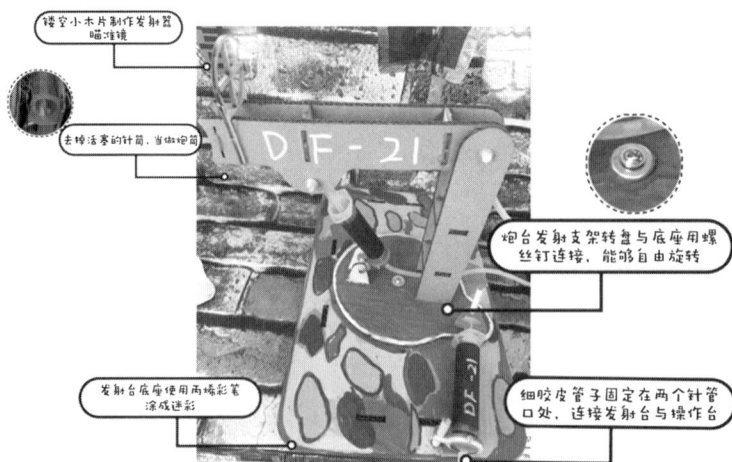

图 10 - 9 - 3

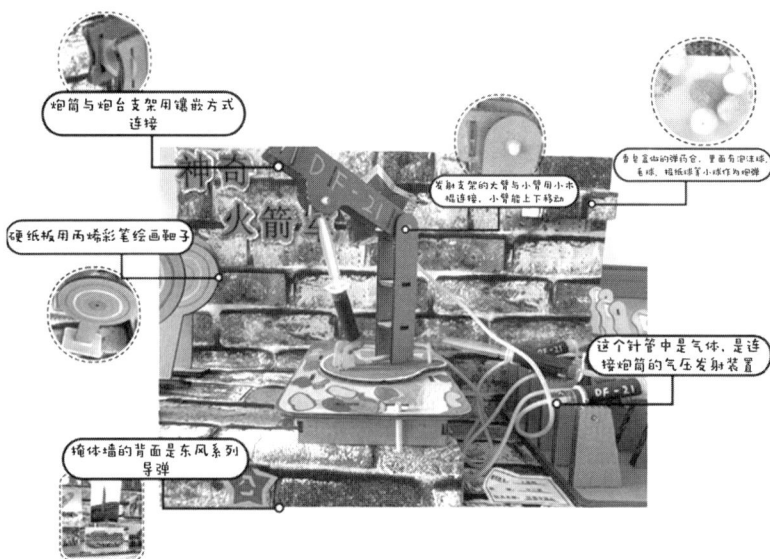

图 10 - 9 - 4

（二）主要功能和特点

1. 设计"神奇火箭军"这个玩教具的主要原因是：我从幼儿的聊天中听到了一个小朋友说"东风快递"，于是，我和孩子们聊起了"东风快递"。在聊天的过程中，我发现大部分小朋友以为这只是一个快递，但是有一个小朋友告诉我"爸爸带我去军事博物馆参观的时候说过这个，这个是送导弹的，是保护我们的"。于是，我从东方弹道导弹切入设计并制作玩教具。东风弹道导弹是真正的国之重器。掌握着这一国之重器的部队就是从诞生伊始便肩负着保障中华民族根本生存利益的重要部队——火箭军。我设计此款玩教具的目的是让幼儿通过游戏了解我们的军队有多么的强大，这也是幼儿爱国主义教育很好的题材。

2. 东风系列导弹在不断发展，从 DF-1 到 70 周年大庆时展示的 DF-41，体现了科学家不断地探索与创新，也展现了我们祖国不断强大起来。通过了解东风导弹，可以了解"两弹一星精神"，弘扬社会主义核心价值观，为孩子扣好人生的第一粒纽扣。

3. 玩教具的游戏设计是围绕导弹发射、打击敌人展开的。中班的幼儿很喜欢发射类的游戏。游戏中的导弹使用了不同材质、大小的导弹，旨在引导幼儿观察、比较。

4. 在玩具的设计中加入导弹元素，如导弹造型的装饰、导弹发射过程的图片等，使孩子们在游戏时能学习有关导弹的相关知识。

5. 游戏中，操作杆与发射台的炮管支架之间利用液压传动，操作台上的两个操作杆针管中装了水，用管子与发射支架的转盘和小臂上的针管连接。幼儿通过前后推拉操作杆，控制小臂与转盘上、下、左、右地移动，探索并了解液压传动的原理，培养幼儿对科学探究的兴趣（图 10-9-3）。

6. 操作台最外侧的操作杆是发射装置的控制器，针管内装满了空气，同样用管子与发射支架上的炮筒针管相连接。幼儿装填导弹（小球代替）后，用力向前推动发射杆，导弹会在空气压缩的力的作用下飞出炮筒，表示发射成功。幼儿通过导弹装填操作等，提高动手能力及手部的精细动作（图 10-9-4）。

7. 作为发射器的针管可以更换为更大的针管。幼儿在游戏中记录发射结果，对比观察不同容量的气体对发射结果产生的影响。在探究活动中，幼儿应根据观察结果提出问题，并大胆猜测答案，用图画或其他符号进行记录，进而培养幼儿的科学探究能力。

8. 游戏还设置了 3 个靶子。幼儿可以通过推动操作杆来调整发射炮筒的方向和角度，进行瞄准，精准打击敌人。

（三）作品制作方法

1. 用一张长方形纸板当做底板，另取一张长方形纸板当做掩体墙。将两张纸板用热熔胶连接，再用热熔胶将废旧纸盒做的发射台底座粘在底板的中间。

2. 将灰白色砖墙纸用双面胶粘贴整个底板和掩体墙。

3. 用硬纸板制作操作台底盘、操作杆支架及目标靶子，底盘与支架间用简单的榫卯结构连接后，再用 502 胶水加固。

4. 针管液压装置装上塑料固定件后，用长木棍和操作台支架将其与薄木片制作操作杆连接起来，两端用小橡皮筋固定。

5. 针管和针管之间用橡胶软管连接。

6. 用丙烯彩笔绘画操作台与发射台上的迷彩图样和靶子，将深蓝色的纸用无痕胶粘在针管上。

7. 将香皂盒做的弹药舱用热熔胶粘在掩体墙上。

(四) 玩法介绍

1. 导弹发射

(1) 玩法:

3 个靶子分别放在炮筒前方不同距离的位置,幼儿将单个或多个导弹塞进炮筒的针管中,用不同的力度推动发射杆,发射导弹。幼儿也可以在发射炮筒中塞入同一个导弹,更换不同大小的发射器针管后,用力推动发射杆,再分别记录导弹的发射距离 (图 10-9-5)。

(2) 教育价值:

①在游戏中探究并发现不同推力对导弹发射的影响。

②在更换针管的过程中,锻炼幼儿的动手能力,促进手部精细动作的发展。

③通过模拟导弹发射的过程,幼儿可以了解导弹的发射原理和操作流程,激发幼儿的好奇心和学习兴趣,锻炼幼儿的动手能力和实践能力。

2. 精准打击

(1) 玩法一:单人游戏。

幼儿将靶子放在固定位置,操作玩具,模拟导弹的发射过程,观察导弹的飞行轨迹,并尝试调整发射角度和力度,使导弹准确命中目标 (图 10-9-6)。

教育价值:

①锻炼幼儿的逻辑思维能力,促进幼儿空间方位能力的发展。

②模拟导弹发射的过程,了解导弹的基本构造和工作原理,感受科技的力量。

③幼儿通过不断尝试和调整,锻炼动手能力和解决问题的能力。

图 10-9-5   图 10-9-6

(2) 玩法二:多人玩法。

将靶子放在固定位置,每名幼儿各有 5 发导弹。幼儿轮流装填导弹,推动操作杆，调整发射炮筒的角度与方向，将导弹发射出去，以击中靶子数量最多的幼儿获胜（图 10 - 9 - 7）。

教育价值：

①通过竞赛游戏，提升幼儿努力取得成功的竞争意识。

②幼儿动手、动脑，探索怎样发射导弹才能击中靶子。

3. 东风导弹

（1）玩法：

投放泡沫小球、毛球、玻璃弹珠、报纸导弹等不同大小、材质的导弹。幼儿分别发射这些导弹，观察发射的结果是否成功（图 10 - 9 - 8）。

（2）教育价值：

①能够锻炼幼儿观察、对比、实验的能力。

②锻炼幼儿用文字或记号记录实验结果的能力。

图 10 - 9 - 7　　　　　　　　　　　　　图 10 - 9 - 8

4. 东风家族

（1）玩法：

进行导弹知识问答游戏，根据知识介绍卡片上的内容提出问题，如"你知道'东风号'导弹是哪个国家研制的吗?""导弹发射需要哪些条件?"等，鼓励幼儿积极回答（图 10 - 9 - 9）。

（2）教育价值：

①幼儿可以更加深入地了解导弹的相关知识，增强对祖国科技成就与发展的认同感和自豪感。

②问答游戏也有助于培养幼儿的记忆力和语言表达能力。

5. 小小指挥官

（1）玩法：

幼儿可以扮演导弹设计师或发射指挥官的角色，通过模拟发射导弹的过程，深入了解导弹的设计原理、发射流程及在国家安全中的重要作用（图 10 - 9 - 10）。

（2）教育价值：

①增强幼儿对导弹知识的理解和兴趣，培养幼儿的团队协作和沟通能力。

②引导幼儿扮演导弹设计师或发射指挥官的角色，让幼儿更加直观地感受到祖国的科技成就和国防实力，从而激发作为中国人的自豪感和自信心。

图 10 - 9 - 9　　　　　　　　　　　　图 10 - 9 - 10

玩教具十：飞夺泸定桥

作者：北京市东城区春江幼儿园　代思佳

（一）作品外形和结构

扫码看彩图 10 - 10 - 1

此款玩教具的整体外形为"飞夺泸定桥"战争场面模型，由高山、亭子、河流、泸定桥几个部分组成。整体造型主要借鉴了"飞夺泸定桥"的历史事件，尺寸为 90 厘米×45 厘米×70 厘米。此款玩教具以高山为主体，将河面与方向盘连接，在山体周围粘贴了历史事件插图（图 10 - 10 - 1～图 10 - 10 - 4）。

图 10 - 10 - 1　　　　　　　　　　　　图 10 - 10 - 2

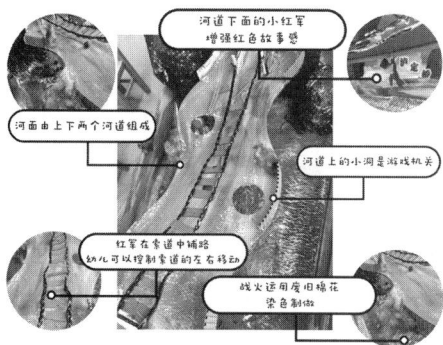

图 10 - 10 - 3

图 10 - 10 - 4

（二）主要功能和特点

1. 此款玩教具结合红军长征中的"飞夺泸定桥"场景设计，游戏形式充分体现了激烈战斗的场景，借此引导幼儿了解红色历史事件。

2. 红军在战争中不怕牺牲、勇往直前、坚韧不拔的精神是幼儿学习的榜样。游戏通过看一看、说一说、玩一玩，让幼儿了解故事内容，熟悉故事中的情景。

3. 此款玩教具为"飞夺泸定桥"微缩景观，呈现了红军过铁索桥的艰难和斗争过程，可以引导幼儿结合历史事件的过程进行表演、讲述。

4. 幼儿通过转动方向盘控制河道，让小球顺利通过，进入不同的小洞，获得相应的分数，培养幼儿的动手能力和数学计算能力。河道上方，通过操作锁链让小球通过，引导幼儿控制锁链的远近和高低，感受小球的移动轨迹，了解力的传递作用。

5. 幼儿观察小球移动的轨迹，可以训练幼儿的眼部追视能力，起到锻炼眼部肌肉的作用。幼儿通过控制小球移动，可以提高手部小肌肉的灵活性。幼儿控制锁链的移动，可以锻炼幼儿的大肌肉与小肌肉协调发展。

6. 所有的游戏玩法都可以单人、双人和多人游戏，促进幼儿的社会性发展和人际交往能力，可以根据不同年龄段的幼儿设置游戏目标、玩法等。单人游戏时，可以锻炼幼儿手部精细动作的发展，双手配合的能力及手眼的协调性，培养做事情时的专注力和思考力。双人游戏时，可以锻炼同伴间的合作能力。

7. 此款玩教具可以一物多玩，拆分、组合不同的游戏形式，用多种方法帮助小球到达终点，借助游戏情景让幼儿掌握相关技能。

（三）作品制作方法

1. 准备废旧材料报纸、纸巾、白乳胶、不织布、瓦楞纸、硬纸板、仿真青苔碎、废旧棉花、麻绳、彩纸等。

2. 首先将报纸揉搓、粘贴成高山的形状，再用白乳胶和纸巾进行粘贴、固定。将高山刷成棕色，在高山表面粘贴仿真青苔碎，更有真实感。

3. 制作河道部分，将制作河道的不织布裁剪成流水的形状，在其表面挖洞，作为小球掉落的机关。给河道刷上蓝白相间的颜料。

4. 在河道关键位置粘贴瓦楞纸，避免小球从河道边掉落。

5. 准备合适的纸板，在上面掏洞，将河道与大山连接在一起。河道的另一端放置合适的纸盒，将方向盘穿过洞，连接河道与大山。

6. 在河道的底部粘贴一根木棍，利用方向盘控制河道左右移动。

7. 运用麻绳编织成铁索桥，连接到对面的山洞。

8. 最后进行整体的装饰，粘贴红军长征作战图片进行展示。

(四) 玩法介绍

1. 河面闯关

(1) 单人玩法：幼儿转动方向盘，以带动河道左右移动，将小球放入河道，让小球在河道内滚动。如果小球顺利通过河道表示胜利；如果小球掉入河道的洞中，则表示失败（图10-10-5）。

(2) 教育价值：

①锻炼幼儿手部精细动作的发展，提高幼儿手腕的力量与手指的灵活性，培养幼儿的专注力、反应力、思考力及耐心。

②通过观察小球的移动轨迹，锻炼幼儿眼部的灵活性，起到护眼作用。

2. 索道跨越

(1) 单人玩法：幼儿转动方向盘，以带动铁索桥左右移动，将小球放入铁索桥的桥面，让小球在铁索桥上滚动，注意保持铁索桥平衡（图10-10-6）。

(2) 教育价值：

①锻炼幼儿眼部的灵活性，起到护眼作用。

②培养幼儿手部动作的准确度与灵活性，锻炼幼儿手部小肌肉动作的协调发展。

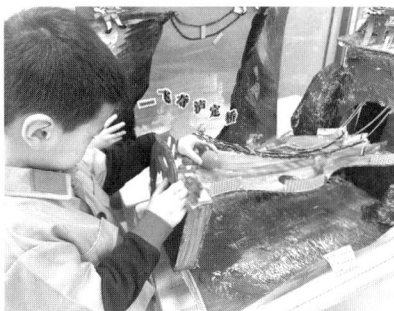 

图10-10-5　　　　　　　　图10-10-6

3. 锁链战斗

（1）单人玩法：

幼儿将小球放到锁链中间，通过控制锁链的上下和宽窄，让小球顺利地通过锁链到达终点（图 10 - 10 - 7）。

教育价值：

①锻炼幼儿手部精细动作的发展，提高幼儿手腕的力量与手指的灵活性。

②培养幼儿的专注力、反应力、思考力及做事情的耐心。

（2）双人玩法：

两名幼儿同时控制四条锁链，每人控制两条锁链。两人同时将小球放在两条锁链中间，让小球前进至终点，中途小球不能掉落（图 10 - 10 - 8）。

教育价值：

①锻炼幼儿手部精细动作的发展、双手配合的能力及手眼的协调性，培养幼儿做事情的专注力和思考力。

②双人游戏可以锻炼同伴间的合作能力。

图 10 - 10 - 7　　　　　　　　　图 10 - 10 - 8

（3）多人玩法：

幼儿可以选择任意的前进路线，进行挑战，多人合作，看谁最快到达终点，可以通过合作的方式观察小球移动并合作控制小球。不同大小的球移动的速度和需要控制的力度不一样，引导幼儿对比观察（图 10 - 10 - 9）。

教育价值：

①锻炼幼儿的逻辑思维能力、反应能力和对方向的判断能力，了解空间位置的一一对应关系。

②锻炼同伴间的合作能力。

4. 沙盘故事

（1）玩法：

幼儿通过观看模型的战斗场面，与同伴分享讲述故事"飞夺泸定桥"（图 10 - 10 - 10）。

（2）教育价值：

①在看一看、说一说、玩一玩中了解红军飞夺泸定桥这一历史事件，熟悉故事中的情节和场景。

②幼儿初步了解故事内容，操作时能完全沉浸在故事情景中，体验故事中主要人物的英雄气概。

图 10 - 10 - 9   图 10 - 10 - 10

第十一章　红色情景剧剧目

剧目一:《鸡毛信》

作者：北京市东城区春江幼儿园　秦佳艺

（一）故事梗概

扫码看彩图 11-1-1

故事讲述了抗战时期一个叫海娃的放羊娃，他是村里的儿童团团长。有一天，爸爸叫他把一封粘着三根鸡毛的信送到住在三王村的八路军王连长的手里，还说一定要在第二天天黑之前送到，信不能落入日本鬼子手里。海娃一听，接过信，就赶着一群羊，上路了。半路上，海娃看见一群日本鬼子向自己走了过来。他想：把鸡毛信藏在哪里呢？扔了，肯定不行。埋起来，万一被鬼子找到怎么办？他急中生智，把鸡毛信藏在了头羊的羊尾巴底下。这时，日本军官来到了海娃的面前。一个鬼子搜遍了他的全身，只找到一块大地瓜。日本军官让他带路去三王村。前面有一条羊肠小道。海娃便赶着头羊，在小路上飞奔。小路太难走了！鬼子们让他慢点儿走，可海娃还是飞快地奔跑，眼看就要进入八路军的包围圈了，他急忙高声呼喊："快打鬼子，鬼子来了！"不一会儿，八路军出现了。鬼子知道上了当，便想开枪打死海娃。结果，一颗子弹打在了海娃的腿上。海娃昏倒了。一个八路军叔叔把海娃抱了起来。海娃嘴里不停地说："羊尾巴下面有鸡毛信。鸡毛信在羊尾巴下面……"说罢，便又昏了过去。多亏了海娃送来的鸡毛信提供的情报，八路军打了一场大胜仗。

少年强，则国强。少年志，则国智。让我们向海娃学习，向英雄致敬，为祖国的繁荣、富强而努力奋斗。

（二）时长

5 分钟。

（三）主要人物

旁白、海娃、爸爸、王连长、日本军官、日本兵。

（四）场景

张家庄、山上。

（五）剧本

张家庄

旁白：抗战时期，有个放羊的孩子叫海娃，他是村里的儿童团团长，经常一边放羊，一边放哨（图 11-1-1）。

旁白：有一天，给八路军当联络员的爸爸拿出一封信，要海娃立刻给八路军送过去（图 11-1-2）。

爸爸：海娃，别耍嘴啦！马上把这封信送到三王村，交给指挥部的王连长。

旁白：这封信上粘着三根鸡毛。海娃一看，就明白了，这是最紧急的信！

爸爸：一根鸡毛表示不得延误，两根鸡毛表示快速转送，三根鸡毛表示连夜火速转送！

图 11-1-1

图 11-1-2

山上

旁白：海娃揣好信，赶着羊下山了（图 11-1-3）。他还没走到山下，远远地就看见来了一群日本兵。

海娃：该怎么办呢？把信藏在哪里好呢？

海娃：要不，藏在大树下面的大石头底下（图 11-1-4）。万一被鬼子搜到了怎么办？不行，不保险！

旁白：海娃一眼看到了老绵羊的大尾巴。他灵机一动，把信栓在了一头老绵羊的尾巴下面（图 11-1-5）。大羊尾巴一盖，什么也看不出来。

旁白：海娃刚站起来，鬼子就来到了他的身边。

旁白：日本军官挥着大刀，让海娃在前面带路。

日本军官：小孩，你的，前面的，开路！你的，一边赶着羊，一边开路（图 11 - 1 - 6）。

旁白：那里的路，海娃太熟悉了！他带领着队伍出发了。

旁白：海娃把敌人引上了一条小路，还没走过几个山头，只听"轰"的一声，走在前面的日本兵倒在了地上。

日本兵：有埋伏！

旁白：原来他们踩上了八路军事先埋好的地雷。海娃真想笑，可没敢笑出声来。

图 11 - 1 - 3

图 11 - 1 - 4

图 11 - 1 - 5

图 11 - 1 - 6

旁白：海娃自己越走越快。敌人都累得气喘吁吁的，越落越远。

日本军官：小孩，你的，慢慢地开路！

旁白：海娃没听他的话，干脆跑了起来。

日本军官：开枪（图11-1-7）。叭、叭、叭！

旁白：海娃的腿受伤了，他倒在了草丛里。八路军就在离这里不远的地方。

海娃：（大喊起来）鬼子来啦！鬼子来啦！八路军叔叔，快打啊！

旁白：果然，八路军开火了（图11-1-8）。海娃一高兴，爬起来就想跑，可他刚跑了没几步，就昏倒了。

图11-1-7　　　　　　　　图11-1-8

王连长（连忙跑过来）：唉呀！这不是海娃吗？

海娃（睁开眼，吃力地）：叔叔……老绵羊……尾巴……鸡毛信……

旁白：海娃话还没说完，就昏过去了。

张家庄

旁白：王连长在庆功会上表扬海娃立了大功，还给他戴上了大红花（图11-1-9）。

王连长：同志们，多亏海娃及时送来了鸡毛信，还把日本鬼子引进了咱们提前设好的埋伏圈。不然，不可能这么成功地把鬼子们全部消灭了。

所有演员上台，鞠躬谢幕。

图11-1-9

剧目二：《小萝卜头》

作者：北京市东城区春江幼儿园　孙静怡

扫码看彩图 11-2-1

（一）故事梗概

小萝卜头名叫宋振中。1941年，他和父母一同被国民党反动派关进了渣滓洞监狱。当时，他刚出生八个月，之后与妈妈一样过着非人的监狱生活。他长时间被折磨，又总是吃不饱，身体发育迟缓，长得脑袋大、身子小，叔叔、伯伯们都疼爱地叫他"小萝卜头"。他在牢房里表现得非常勇敢，经常给同志们传递纸条，帮助地下党联络信息。1949年9月6日，重庆解放前夕，年仅八岁的小萝卜头和他的爸爸宋绮云、妈妈徐林侠被国民党特务残忍地杀害了。小萝卜头宋振中被追认为中国年龄最小的革命烈士（图11-2-1）。

图 11-2-1

小萝卜头的坚强、勇敢和智慧，让我们看到了人性中最光辉的一面，他的故事提醒我们永远不要忘记那段艰苦卓绝的岁月和那些为革命事业英勇斗争的先烈们，也让我们知道要珍惜当下来之不易的幸福生活，铭记历史，不忘初心。我们应该继承革命光荣传统，弘扬爱国主义精神，从小树立远大的理想和抱负，争当新时代的好儿童。

（二）时长

8分钟。

（三）主要人物

旁白、小萝卜头（宋振中）、妈妈（徐林侠）、黄伯伯（黄显声）、狱友1、狱友2、监狱看守1、监狱看守2。

（四）场景

渣滓洞监狱、歌乐山小屋。

（五）剧本

渣滓洞监狱

旁白：在一个遥远的乡村，住着一个小男孩，他叫"宋振中"，他的父亲宋绮云与母亲徐林侠都是共产党的地下党员。

旁白：宋振中出生时，他的父母为了保护他，把他藏在了一间小屋里，希望他能躲过一劫。然而，在他八个月大的时候，就和妈妈一起被国民党军统特务诱捕、关进了重庆歌乐山下的监狱里。在艰苦的环境中，宋振中由于严重的营养不良，导致头大身小，狱友们都疼爱地称他为"小萝卜头"。渐渐的，小萝卜头长到了6岁。

（小萝卜头和妈妈在监狱的牢房里，妈妈给小萝卜头喂发霉的米饭和烂菜叶子）

妈妈：小萝卜头，妈妈只有这些发霉的饭菜了，你先吃吧！

小萝卜头：妈妈，我不饿，更不怕。我能长大（图11-2-2)!

（灯光转换，几个狱友出现，小萝卜头给他们送水和饭）

狱友1：谢谢你，小萝卜头，你真是个好孩子！

狱友2：小萝卜头，有你在，我们都感到很温暖（图11-2-3)。

（灯光聚焦在小萝卜头的身上，他正用石子在地上写字）

旁白：小萝卜头很想学习，妈妈和狱友们通过集体绝食的方式为他争取到了读书的机会。黄伯伯就是他的老师。

（黄伯伯出场，递给小萝卜头一本书和一支铅笔）

黄伯伯：小萝卜头，这是给你的生日礼物。你一定要好好学习（图11-2-4)!

图11-2-2

图11-2-3

小萝卜头：谢谢黄伯伯！我会好好学习的。

黄伯伯：振中，你要记住，知识就是力量。你要为自己的未来、为祖国的崛起而努力学习！

小萝卜头：谢谢黄伯伯，我一定好好珍惜这支铅笔，好好学习！

旁白：小萝卜头在过生日时收到了黄伯伯送的铅笔，十分开心！他知道学习的机会来之不易，因此，更加努力地学习。

旁白：他不仅学习好，还经常帮助狱友们传递消息，让那些关押在监狱里的地下党员获得了许多宝贵的消息，成了大家心目中的小英雄。

狱友1：小萝卜头，有你真好！

狱友2：我们都信任你。

小萝卜头：我还会为大家藏好食物，帮助大家渡过难关！咱们一起加油，为了迎接解放，迎接美好的明天（图11-2-5）！

图11-2-4

图11-2-5

狱友们（开心地大笑）：哈哈！

旁白：小萝卜头在狱中度过了艰苦的童年，但他始终保持乐观、勇敢的心态。他努力学习，帮助狱友，是一个懂事又聪明的孩子。然而，1949年9月6日的晚上，小萝卜头和他的爸爸、妈妈被敌人带到歌乐山的小屋内。

歌乐山小屋

看守1：小萝卜头，你知道你要死了吗？

小萝卜头：我知道，但我不怕。

看守2：你不怕？你为什么不害怕？

小萝卜头：因为我相信我们一定会胜利，只可惜没有机会亲眼看到中国人民的胜利（图11-2-6）。

（看守向小萝卜头开枪，小萝卜头倒在了地上）

旁白：小萝卜头牺牲了，他被追认为中国年龄最小的革命烈士，他的英雄事迹流传下来，成为一代代人心中的记忆。人们会永远记住那段艰苦卓绝的革命历史和那些为了我们的幸福而牺牲的烈士。小萝卜头的故事让我们感受到了他的坚强、勇敢、乐观、无私奉献的革命精神，也让我们知道要珍惜当下和平、幸福的生活，铭记历史，努力学习，不忘初心！

所有演员上台，鞠躬谢幕。

图 11 - 2 - 6

剧目三:《抗日英雄小雨来》

作者:北京市东城区春江幼儿园　　刘若钰

(一) 故事梗概

扫码看彩图 11 - 3 - 1

抗日战争时期,生活在晋察冀边区北部村里的小雨来,是一个 12 岁的少年儿童团团员。一次,交通员李大叔为了躲避日本鬼子的追捕,藏到了雨来家。雨来为了掩护李大叔,被鬼子抓住。他机智勇敢,智斗鬼子,在敌人的威逼利诱下,坚决不说李大叔的藏身之处。鬼子想杀害小雨来,没想到雨来在鬼子开枪之前跳进了河里,他凭借着高超的游泳技能,从鬼子的枪口下巧妙地逃脱了。

(二) 时长

10 分钟。

(三) 主要人物

旁白、雨来、李大叔、鬼子、扁鼻子军官、铁头、村民若干。

(四) 场景

雨来家、河边。

(五) 剧本

【第一场:掩护李大叔】

旁白:抗日战争时期,晋察冀边区有一个小村庄,名叫"芦花村"。12 岁的小雨来就住在这个村子里。村边有一条河,河的两岸长着很多的芦苇。夏天,雨来常和小伙伴们到河里去游泳,他的游泳本领非常高。一天,爸爸、妈妈都出门了,雨来一个人在家看书。

雨来:(趴在炕上读书)我们都是中国人,我们要爱我们的祖国。(自言自语)没错!老师常跟我们说,要爱自己的祖国,和日本鬼子斗争到底!(把书

藏在怀里，握紧小拳头）

旁白：此时，急促的脚步声响起。雨来突然警觉起来，他走到门口，一探究竟。

雨来（突然警觉）：不对，有情况！

旁白：只见李大叔急匆匆地跑了过来，上气不接下气。

雨来（关切地询问）：李大叔，您这是怎么了？

李大叔（非常急迫地）：我去送情报，被鬼子识破了（边说边向墙角的缸走去）！

雨来：快！我来掩护你！

旁白：李大叔把缸移开，跳了进去，边藏边说道。

李大叔：快把缸推回原来的位置，赶紧离开这里，对谁也不要说！

旁白：雨来知道李大叔是八路军的交通员，决不能让鬼子抓去。于是，他使出全身的力气把缸推回原处（图11-3-1）。

图11-3-1

【第二场：与鬼子英勇斗争】

旁白：小雨来刚把缸推回原处，门外，枪声、鬼子的嗷叫声就响了起来。鬼子举着刺刀，冲了进来。雨来赶紧往院子后面跑。

鬼子（气势汹汹地）：小孩的，站住！

旁白：雨来没有停下脚步。鬼子开枪了，子弹从他的头顶飞过。

鬼子（大声喊道）：你的，站住！

旁白：扁鼻子军官抓住了雨来，还把他绑了起来。然后，在屋里翻箱倒柜地找了起来，连枕头都用刺刀扎破了。这时，他拿出一块糖，塞给雨来。

扁鼻子军官：这个大大的好！你的，说说，八路的，在什么地方？金票，大大的有！

雨来（坚定地摇头）：哼！我什么也没看见。

旁白：鬼子不耐烦了，抽出刀来，就向雨来的头上劈。但是，被扁鼻子军官拦住了。

扁鼻子军官（耐着性子说）：死啦、死啦的，没有。我喜欢小孩。快说，看见那个人没有？

旁白：雨来依旧摇了摇头。

雨来（坚定地说）：还是那句话"我什么也没看见"。

鬼子（气急败坏地）：你这个敬酒不吃、吃罚酒的小孩（图11-3-2）！

旁白：随即，鬼子伸出鹰爪一般的大手，抓住雨来。

旁白：扁鼻子军官此时暴跳如雷，嗷嗷地叫道。

扁鼻子军官：拉出去，到河边，枪毙！

图11-3-2

【第三场：河边机智逃脱】

旁白：鬼子们推推搡搡地把雨来押到河岸边。

扁鼻子军官（气急败坏地，目露凶光）：小孩，给你最后一次机会，说不说？不说，枪毙了你，再把你扔到河里去！

雨来（瞪了他一眼）：枪毙也不说！

扁鼻子军官（气得嗷嗷直叫）：枪毙！

旁白：此时，雨来灵机一动，手往远处一指，大声地嚷嚷起来。

雨来：八路军来啦！

旁白：两个鬼子吓得连忙调转枪口，胡乱比画。雨来趁鬼子们不注意，一头扎进了长满芦苇的河里。

鬼子：小孩的，跑了！狡猾，该死！

旁白：这时，鬼子们才回过神来，知道自己上了当。他们气急败坏地朝河里胡乱开枪。随后，便垂头丧气地走了。

【第四场：众乡亲寻找】

旁白：交通员李大叔在地洞里不见雨来来搬缸，就从另一个地道口钻了出来。李大叔屋里、屋外找了一遍，怎么也找不到雨来。他跑到街上一问，才知道雨来在河边被鬼子打死了。李大叔一听，眼泪一下子掉了下来，赶忙去河边寻找。

村民们（纷纷边走边喊）：雨来，你在哪儿？雨来（图11-3-3）!

图11-3-3

旁白：大家找了半天，始终不见雨来的踪影，都很失望。

村民们（痛哭流涕）：太可惜了，多好的孩子啊！

铁头（手指着远处的雨来）：那不是雨来吗？

旁白：此时，村民们顺着铁头手指的方向望去，只见芦苇丛中，雨来从水面上露出一个小脑袋，像小鸭子那样抖了抖头上的水，用手抹了一下眼睛和鼻子，嘴里吹着气。

雨来：鬼子走了吧？

旁白：大家都喜出望外，急忙跑过去，把雨来拽上了岸。

所有演员上台，鞠躬谢幕。

剧目四：《倔强的小红军》

作者：北京市东城区春江幼儿园 周金浩

(一) 故事梗概

扫码看彩图11-4-1

1935年，红军长征途中过草地时，小红军林宇为救伤员，不慎将粮食掉入河中。由于粮食极度匮乏，他隐瞒实情，采野菜充饥。尽管他的身体非常虚弱，仍然拒绝战友的帮助，把生的希望留给战友，最终因饥饿和劳累过度牺牲了。这个故事展现了小红军坚定的信念、无私的奉献精神和顽强的毅力。

(二) 时长

5分钟。

（三）主要人物

战士林宇、战士小张、连长、红军战士 6 人、指导员、班长、医生、村长、村民 5 人、旁白。

（四）场景

破旧的手术室。

（五）剧本

【第一幕：进入草地】

旁白：1935 年 8 月，红军长征进入了草地。小红军林宇和他的战友们艰难地前进着。

连长：同志们，我知道大家又累又饿，但是我们必须坚持住，走出这片草地，与大家胜利会师。

小红军们（手握拳头，上下挥舞着）：走出草地，走出草地，胜利会师，胜利会师！（连说 3 遍）（图 11 - 4 - 1）

旁白：这天，战士们惊喜地发现，前边不远处有一座小村庄，这在草地上是很难遇到的。

【第二幕：路过村庄】

（村长携村民们手拿水果、蔬菜、鸡蛋、粮食）

村长：同志，这是乡亲们的一点儿心意，希望战士们能收下。

村民们：收下吧！收下吧！

指导员：老乡，我们红军有纪律，不能拿乡亲们的一针一线（图 11 - 4 - 2），谢谢大家啦！

图 11 - 4 - 1

图 11 - 4 - 2

【第三幕：寻找麦粉】

（三个红军战士扶着一个受伤的红军战士，听候指导员的指示）

指导员：同志们，现在，我们先休息一会儿，然后马上去找粮食。

战士们：好的，指导员。

旁白：战士们把麦子炒熟，再用石头碾碎。

连长：经过战士们的努力寻找，找到了一些麦粉。现在，就把这些麦粉分给大家。麦粉不多，大家省着点儿吃。

战士林宇：这些麦粉多掺些野菜，一顿吃一点儿，能吃二十多天，我一定能走出这片草地（图11-4-3）。

【第四幕：过木桥】

旁白：第二天早晨出发时，林宇扶着一名伤员，跟在队伍的后面，经过一座狭窄的木桥。

指导员：木桥太窄了，注意脚下。

旁白：没有人发现林宇的一小袋麦粉，掉进了河里，被水冲走了（图11-4-4）。

战士林宇：虽然我的粮食没了，但战友们的麦粉也不多，我坚决不吃战友们的救命粮。我得多采些野菜，放在挎包里，这样就看不出我的粮食没了。

图11-4-3

图11-4-4

战士小张：林宇，你没事儿吧？我看你差点儿在桥上摔倒。

战士林宇：小张，我没事儿，我没事儿。

旁白：晚上，战士们停下来休息。草地上，燃起了一堆堆篝火，大家都在煮野菜和麦粉糊糊吃。

战士林宇：等大家吃完休息了，煮些野菜吃就行，千万不能让大家发现我的麦粉没了。

【第五幕：林宇牺牲】

旁白：就这样过了几天，林宇的身体越来越虚弱。有一天，林宇走啊，走啊，身体一晃，差点儿摔倒。

战士小张：林宇，你怎么了？是不是身体不舒服？

战士林宇，没事儿，不知道怎么了，头有点儿晕，现在好了。

战士小张：哎呀，你是不是饿了？我这里还有些麦粉，给你吃点儿。

战士林宇：不用，不用。

班长：小林，是不是没有粮食了？

战士林宇：没事儿，班长，我的麦粉还多着呢，放心吧！你和大家先走，我稍微休息一会儿，等我休息好了，再去追你们，放心吧！

旁白：战士们继续前进，林宇向大家挥着手，渐渐的，他的手无力地垂了下来。

红军战士们：林宇的包里不像是麦粉，咱们快回去找他吧！

战士小张、医生：好，好。

班长、战士小张、医生：林宇，你在哪儿？你在哪儿？

医生：林宇在这儿呢！快来！

班长、战士小张：来啦！

班长、战士小张：林宇，快醒一醒！

医生：班长，别喊了，林宇已经（图11-4-5）……

所有演员上台，鞠躬谢幕。

图11-4-5

剧目五：《小宣传员石宝芹》

作者：北京市东城区春江幼儿园　代思佳

（一）故事梗概

扫码看彩图11-5-1

故事讲述了小英雄石宝芹在敌占区分发宣传单，被国民党反动派抓捕后杀害，体现了峥嵘岁月里的英雄少年的智慧和勇气，以及大无畏的革命精神。石宝芹用中华儿女坚定的信念和崇高的理想谱写着自己的爱国故事（图11-5-1）。

生活在和平年代的我们应该继承革命传统，弘扬爱国主义精神，传承英雄坚定的信念，从小树立远大的理想，争当社会主义的有志少年。

（二）时长

8 分钟。

（三）主要人物

旁白、石宝芹、母亲、国民党军官、国民党士兵 1、国民党士兵 2、区委书记、日本军官、卖菜大叔、老百姓。

（四）场景

家门口、乡下集市、区政府内、村庄、监狱、南潮河畔。

图 11 - 5 - 1

（五）剧本

家门口

旁白：石宝芹出生在江苏省响水县陈家港镇一个农民的家里，她的父亲被国民党反动派杀害了。石宝芹从小和体弱多病的母亲相依为命，吃尽了苦，在她幼小的心里，恨透了国民党反动派（图 11 - 5 - 2）。

石宝芹（背着包袱，走上台）：我是石宝芹，和母亲住在一起。我们母女俩相依为命（图 11 - 5 - 3）。家里的粮食不多了，今天，我要去镇上换一些粮食。

母亲（慢慢地走上台）：孩子，路上小心。

图 11 - 5 - 2　　　　图 11 - 5 - 3

乡下集市

旁白：1947年1月，石宝芹的家乡又被国民党的军队占领了。由于国民党军队的严密封锁，老百姓的生活过得十分艰苦。为了维持生活，石宝芹经常用煤油、火柴等到南河区的乡下集市换些玉米、面粉、山芋干儿等，回家充饥度日。

石宝芹（手提小篮子）：家里的粮食又不够了，我得去换些粮食。大叔，您好！我想换半袋山芋干儿（图11-5-4）。

大叔（将半袋山芋干儿递过去）：好嘞！您拿好。

旁白：石宝芹将半袋山芋干儿装进挎着的小篮子里，刚要离开。

国民党士兵（举着枪）：闪开！闪开！这些粮食，我们要征收！

大叔（摆手）：大人，不可以啊！这是我们全家的口粮，我们就指着这个生活呢！

国民党士兵1（用脚踢开大叔）：滚开！

国民党士兵2（搬运粮食）：嘿嘿，又有这么多粮食了（图11-5-5）。

旁白：国民党兵到处横行霸道，老百姓们苦不堪言，石宝芹恨不得马上消灭这些坏蛋。

图11-5-4　　　　　　　　　　图11-5-5

区政府内

区委书记（挠着头）：唉，这可如何是好（图11-5-6）？

石宝芹：书记，您遇到什么难题了吗？

区委书记：我们印制了许多宣传单。但是，现在，没办法把这些宣传单带进被敌人占领的陈家港。

石宝芹（走过来，坚定地）：把这个任务交给我吧（图11-5-7）！

区委书记（摆手）：不行，不行，敌人的盘查十分严格。这件事情太危险了！我不能让你冒这个险。

图 11-5-6

图 11-5-7

石宝芹：不会有危险，我经常出入镇子，年纪又小，敌人已经对我放松警惕了（图 11-5-8）。

区委书记（抱着两臂、思考状）：好吧，那你一定要注意安全！

石宝芹（将宣传单装进篮子）：我把所有的宣传单都藏进篮子里。这样，路上，敌人也不会注意的（图 11-5-9）。

图 11-5-8

图 11-5-9

村庄

旁白：过了几天……

国民党军官（手拿传单）：咦？又发现了传单。

国民党士兵（敬礼）：报告！我们的情报员说是几个孩子在偷偷分发传单！

国民党军官（生气）：把人带回来，好好问问！

旁白：天亮后，国民党反动派的军队又发现了共产党的传单，立刻展开搜查（图11-5-10）。

国民党军官：这里还没有查过，给我进去，好好查查！

国民党士兵：是！

旁白：由于叛徒的告密，当天晚上，石宝芹就被敌人抓走了（图11-5-11）。

图11-5-10　　　　　　　　图11-5-11

监狱

士兵：是不是你带进来的传单？你还有哪些同伙？你从谁那里得到这些宣传单的？

石宝芹：不知道！

旁白：她被关进监狱，在狱中，敌人威逼利诱，严刑拷打（图11-5-12），什么办法都用了，只从她的嘴里得到了三个字"不知道"。

南潮河畔

国民党军官：你真的不说吗？我再给你最后一次机会，如果你交代了，我就放了你（图11-5-13）！

石宝芹：你们要杀，就杀！我没有什么可交代的！

国民党军官（生气）：哼！气死我了！来人！

国民党士兵：在！

国民党军官：把她给我枪毙了！

旁白：最后，国民党反动派残忍地把石宝芹杀害了。这就是峥嵘岁月里的英雄少年石宝芹的故事。

所有演员上台，鞠躬谢幕。

图 11-5-12

图 11-5-13

剧目六：《马背上的摇篮》

作者：北京市东城区春江幼儿园 赵 伟

（一）故事梗概

扫码看彩图 11-6-1

故事讲述了发生在二十世纪三四十年代抗日战争时期的一场没有硝烟的战斗。1940 年，丑子冈妈妈为了照顾和教育革命干部和抗日将士的子女，在延安成立了中央托儿所。这就是后来所说的"马背上的摇篮"，也是革命的红色摇篮。毛主席参观它时，赞美丑妈妈是"巧媳妇做出了无米之炊"。它就是炮火中的避风港——中央托儿所（图 11-6-1）。

故事讲述了在战火纷飞的年代，中国共产党不惜一切代价保护孩子们的生命，并坚持使保育院的机构留存下来，这在中国保教史上是前所未有的，在世界保教史上也是罕见的。

（二）时长

10 分钟。

（三）场景

中央托儿所、山上、黄河边。

（四）主要人物

旁白、丑妈妈、囡囡姐姐、保育员护士、罗爷爷、敌人、幼儿 1、幼儿 2（图 11-6-2）。

图 11 - 6 - 1

| 丑妈妈 | 囡囡姐姐 | 保育员护士 | 罗爷爷 | 敌人 | 幼儿 |

图 11 - 6 - 2

（五）剧本

中央托儿所

旁白：1940 年的春天，丑子冈妈妈为了照顾和教育革命干部和抗日将士的子女，在延安成立了中央托儿所（图 11 - 6 - 3）。中央托儿所初建时，正值抗日战争以来最困难的时期，为了给孩子们创造更好的生活环境和条件，丑子冈妈妈使出了浑身解数，四处筹措物资。

幼儿 1：托儿所里的叔叔、阿姨们为我们用心打造了大滑梯、秋千、小木马（图 11 - 6 - 4）。尽管生活条件艰苦，他们却倾尽全力地关心、照顾着我们，让我们觉得很温暖。

旁白：托儿所的妈妈们，一切为了孩子们，力求做到科学养育。除了一日三餐设定菜谱，按时日光浴、洗澡、做操，还定期检查身体，保育员们利用巧手制作出剪贴画、霸王鞭、跷跷板等各种学习教具和游戏玩具，教孩子们识字、算术和表演节目等。

幼儿 1：有一天，我们和妈妈们正在院子里玩，突然敌机来轰炸（图 11 - 6 - 5、图 11 - 6 - 6）。

1940年，丑子冈妈妈为了我们祖国的花朵，在延安成立了中央托儿所。

图 11 - 6 - 3

木匠叔叔尤槐生，用心为我们打造了大滑梯、秋千、小木马。

图 11 - 6 - 4

在这里，我们每天都和妈妈们一起游戏和学习，丑妈妈爱我们

图 11 - 6 - 5

有一天，我们和妈妈们正在院子里玩，突然遇到敌机轰炸

图 11 - 6 - 6

丑妈妈（奔向幼儿并大喊）：快趴下！孩子们，趴下！

幼儿2：丑妈妈把我搂在怀里，用自己的身体保护我。唔——妈妈，我害怕！妈妈，我的耳朵听不见了（图11-6-7）。

丑妈妈：孩子们，我们要搬家了，要转移到安全的地方。妈妈们想出了一个好办法，把你们藏在马背上的摇篮里，这样敌人就不能发现你们啦！你们一定要乖乖地藏在里面，不要出声，也不能跑出来，知道吗（图11-6-8）？

图 11 - 6 - 7

图 11 - 6 - 8

山上

旁白：为了躲避敌机的轰炸，大家连夜赶路。那是一个冬天的夜晚，因为白天赶了很远的路，大家都很疲惫，保育员们快速地安顿好孩子们吃饭、洗漱、入睡。可没过多久，他们就接到消息，因为特务的告密，他们已经暴露，必须马上撤离。可是，90 多个孩子刚从睡梦中惊醒，都昏昏沉沉的，情况十分危急。保育员们连背带扛，生拉硬拽，拼了命地带着孩子们往山上逃。有惊无险的是，所有人刚刚安全撤到山上，村子就被敌人包围了。

旁白：但是，在撤离的过程中，他们遇到了山体滑坡，丽丽姐姐滚下了山坡（图 11 - 6 - 9）。

丑妈妈：大家停一下，丽丽不见了！丽丽，你在哪儿？

保育员护士：刚才，我们遇到了山体滑坡，大石头砸中了摇篮，把丽丽甩下了山。

丑妈妈：大家快分头行动！你们留下，保护好摇篮里的孩子们。我们下山去找丽丽。

丑妈妈：找到了，丽丽在这儿。她受了伤，头上流血了。

旁白：丽丽的妈妈也是一名保育员护士，她忍住泪水，亲手用缝衣针为丽丽缝合伤口（图 11 - 6 - 10）。

旁白：罗爷爷很心疼，把好不容易攒下来的鸡蛋给丽丽吃，让她补充营养。可是，罗爷爷自己却不吃饭，把仅有的粮食省了下来，都让给孩子们和战士们吃（图 11 - 6 - 11）。

罗爷爷：好孩子，把鸡蛋吃了，补充营养，这样头上的伤口才能快点儿好呀！来，罗爷爷给你剥鸡蛋吃（图 11 - 6 - 12）。

丽丽：爷爷，您也吃吧！

罗爷爷：好孩子，爷爷吃过啦！你吃吧！

图 11 - 6 - 9

图 11 - 6 - 10

图 11 - 6 - 11

图 11 - 6 - 12

黄河边

幼儿 1：我们过黄河时，为了躲避敌机的扫射和轰炸，罗爷爷举起大锅，为我们挡子弹，他自己却受了重伤（图 11 - 6 - 13）。

罗爷爷（身受重伤，艰难地喊着）：保护孩子们，一个都不能少！中国共产党万岁（图 11 - 6 - 14）！

图 11-6-13

图 11-6-14

幼儿1：晚上，罗爷爷带着我们一起做月饼（图11-6-15）。罗爷爷太累了！他在我们的歌声中安详地睡着了。

幼儿2：在翻山越岭的转移中，敌人用枪指着丑妈妈。我害怕极了！妈妈用身体护住了我（图11-6-16）。

图 11-6-15

图 11-6-16

囡囡姐姐：妈妈，你要保护好弟弟，我去引开敌人。咱们分头跑，在家里见。

丑妈妈：囡囡，你要注意安全！咱们在家里见。

囡囡姐姐：妈妈快回家，山上有狼。

幼儿2：机智的囡囡姐姐成功地引开了敌人，救了我和妈妈（图11-6-17）。

幼儿2：可是，囡囡姐姐被敌人包围了。她为了救我们，牺牲了（图11-6-18）。

图 11-6-17

图 11-6-18

幼儿1：我们伤心极了！丑妈妈哭着向囡囡姐姐敬礼，她说囡囡姐姐是勇敢的英雄、烈士。

旁白：终于，迎来了新中国成立的日子（图11-6-19）。

幼儿2：我们走了两千里路，走了十六个月，走了十八个县。这一路上，丑妈妈带着我们历尽千辛万苦，才把我们平安地带到了新家（图11-6-20）。

图 11-6-19

图 11-6-20

幼儿全体：亲爱的妈妈们，谢谢你们保护我们！新中国的建设就交给我们了！

所有演员上台，鞠躬谢幕。

剧目七：《草原英雄小姐妹》

作者：北京市东城区春江幼儿园　崔　静

（一）故事梗概

扫码看彩图 11-7-1

在内蒙古的大草原上，有这样两位少女，姐姐叫"龙梅"，妹妹叫"玉荣"，她们从小就与牛羊为伴，一直生活在草原上。一放假，这姐妹俩就会帮家里放羊。故事讲述了两姐妹面对暴风雪，为了保护公社的羊群，她们与暴风雪搏斗了一天一夜，终于保住了羊群。她们的光荣事迹影响了几代人，被誉为"草原英雄小姐妹"（图 11-7-1）。

图 11-7-1

（二）时长

5 分钟。

（三）主要人物

旁白、龙梅、玉荣。

（四）场景

草原。

（五）剧本

旁白：在内蒙古自治区乌兰察布盟一带，有两个小姐妹，姐姐叫"龙梅"，妹妹叫"玉荣"，她们从小就与牛羊为伴，一直生活在草原上。

旁白：姐妹俩一放假就会帮家里放羊。有时候，她们一边唱歌，一边放羊。这样的日子虽然累点儿，但是快乐、富足。

玉荣（拉起姐姐的手，眺望远方）：姐姐！你看，咱们公社的羊多多啊（图 11 - 7 - 2）！

龙梅：是呀！过不了几年，咱们公社的羊群就要接上天边的白云啦（图 11 - 7 - 3）！

图 11 - 7 - 2

图 11 - 7 - 3

玉荣（抱起小羊，对小羊说）：呼日嘎呀呼日嘎，你咋又找不到妈妈了（图 11 - 7 - 4）？走，找妈妈去（图 11 - 7 - 5）！

图 11 - 7 - 4

图 11 - 7 - 5

旁白：妹妹刚放下怀中的小羊。这时，天空刮起了风。

玉荣（看向远方）：姐姐，起风了（图 11 - 7 - 6）！

图 11 - 7 - 6

旁白：天越来越暗，大风呼呼地刮着。

玉荣：姐姐，要变天了！咱们快把羊群赶回去吧！

玉荣（跑向姐姐）：姐姐，姐姐，要下雪了（图 11 - 7 - 7）！

龙梅（边赶羊群边说）：玉荣，快回家，叫爸爸来（图 11 - 7 - 8）！

旁白：风越来越大，夹杂着雪花。

图 11 - 7 - 7

图 11 - 7 - 8

玉荣（边赶羊边往家的方向走去）：咻！咻！回去，回去！

龙梅（将羊赶到一起）：快，集中在一起。

旁白：过了一会儿，玉荣已经走远。

旁白：在这样的天气里如果迷失方向的话，非常容易被冻死或冻伤致残。妹妹不放心让姐姐一个人留下来！

玉荣（大声喘气）：呼！呼！不行！我不能离开羊群！

玉荣（跑回姐姐身边）：姐姐，我不能走！我要和你一起保护羊群（图11-7-9）。

龙梅：谁让你回来的？

玉荣：姐姐，阿爸说过"公社的羊群，一只也不能丢"。我要和你一起保护羊群！

龙梅：没错！一只也不能丢！

旁白：于是，姐妹两人彼此关照着、激励着。羊群在她们的呵护下，一直没有再跑散。

龙梅：玉荣！玉荣！玉荣！你在哪儿？

龙梅（边寻找玉荣边说）：一只也不能少！谁都不能丢（图11-7-10）！

图11-7-9

图11-7-10

玉荣：咻！咻！姐姐，姐姐，我在这里！

玉荣（边赶羊边说）：一只也不能少！谁都不能丢！

旁白：风雪太大了，两姐妹只能靠着微弱的声音辨别对方的位置。突然，姐姐一不小心摔倒在地，晕了过去。

龙梅（摔倒）：啊！

旁白：过了一会儿，龙梅缓缓睁开眼睛，出现在她眼前的是一只小羊。小羊带领着龙梅，向前走着（图11-7-11）。

龙梅：这……这是哪里？你要……带我去哪里（图11-7-12）？

图 11 - 7 - 11

图 11 - 7 - 12

龙梅（走了一会儿）：醒醒！玉荣！快醒醒！

玉荣：姐姐，姐姐，你来了。一只都没有少，我把走散的羊群都找回来了！

龙梅：嗯，384 只！一只都不能少！

旁白：姐妹俩终于将四散的羊群赶到了一起。为了不让公社的羊群走散，姐妹俩紧紧地跟在羊群后面，一路上互相关照。

龙梅：阿爸，马上就来！再等等！阿爸马上就来了！玉荣！不能睡！

旁白：最终，一对牧民父子赶到，发现了两姐妹。于是，他们马上叫上铁路工人，以及一直在寻找她们的公社书记。姐妹俩这才完全脱险，羊群也得到了照料。3 月 20 日，姐妹俩受到了共青团中央的表彰，祝贺她们因为这件事成功地加入了中国少年先锋队（图 11 - 7 - 13、图 11 - 7 - 14）。

图 11 - 7 - 13

图 11 - 7 - 14

所有演员上台，鞠躬谢幕。

剧目八：《机灵的小虎子》

作者：北京市东城区春江幼儿园 王雨辰

扫码看彩图 11-8-1

(一)故事梗概

故事讲述了小英雄虎子凭借着自己的机敏和勇气帮助八路军取得了胜利。小虎子虽然年纪小，却用自己的机智和勇气谱写着自己的爱国故事（图 11-8-1）。

生活在和平年代的我们应该继承革命传统，弘扬爱国主义精神，传承英雄坚定的信念，从小树立远大的理想，争当新时代的好儿童。

图 11-8-1

(二)时长

10 分钟。

(三)主要人物

旁白、小虎子、王伯伯、小虎子爸爸、日本兵、日军长官、海哥哥、儿童团成员、八路军士兵。

(四)场景

村子里、虎子家、日军据点、小山坡。

(五)剧本

村子里

旁白：小虎子今年七岁，圆脸、大耳，长得可机灵了，大家都夸他既聪明又懂事。小虎子最喜欢的就是村里的八路军王伯伯了，因为王伯伯经常给小虎子讲儿童团的故事，小虎子听了很羡慕，也想成为儿童团的一员。

小虎子（神气地跑上场）：我是小虎子。别看我才七岁，我可机灵了！这次，一定要让王伯伯同意我加入儿童团！

王伯伯（慢慢地走上来）：小虎子，你在这儿啊！

小虎子（兴奋地朝王伯伯跑去）：王伯伯，王伯伯，您就让我加入儿童团吧！我一定会像海哥哥一样打日本鬼子的！

王伯伯（抚摸着小虎子的头）：等你再长大一点儿吧（图11-8-2）！

虎子家

旁白：一天晚上，王伯伯急匆匆地来到了小虎子家。

（小虎子趴在门口偷听）

王伯伯：日本鬼子已经离村口不远了。我们准备打一场伏击战。

小虎子爸爸：摸不清敌人的军火，没把握打赢伏击战啊！该让谁去打探消息呢（图11-8-3）？

小虎子（推门，冲进屋）：我去！

小虎子爸爸（板起脸来，呵斥）：小虎子别胡闹！我和你王伯伯正在商量事情。

图11-8-2

图11-8-3

小虎子（委屈状）：我没胡闹，我就是能行嘛！

王伯伯（笑着说）：小虎子，你有什么办法可以摸清敌人的军火（图11-8-4）？

小虎子（歪着头思考）：有了！我要当叛徒（凑到王伯伯耳边，说悄悄话）。

王伯伯：好办法！要是小虎子能完成任务，王伯伯就让你加入儿童团！

日军据点

旁白：第二天，王伯伯叮嘱完小虎子，小虎子就赶着羊群出发了。他慢慢地靠近了敌人的据点，发现有好几个日本鬼子手里都拿着枪。

日本兵：你的，小孩儿，什么的干活（图11-8-5）？

小虎子（装作害怕的样子）：我要报告，我看见八路军了。

日军长官：小孩儿，八路军在哪里？

小虎子：我刚才看见一个八路军为了过关卡，把枪埋在了那边的山坡上。我还知道他们的部队在哪里呢！

图11-8-4

图11-8-5

日军长官（眼珠子一转）：你的，是不是儿童团？骗我，对不对？

小虎子（装作吓得哆嗦）：不，不是的。不信，我可以带你们去看看。

小山坡

旁白：鬼子想了想，于是，让小虎子带路，去了埋枪的小山坡。小虎子带着鬼子来到藏有枪的地方。鬼子挖了一下，真的挖出一把枪（图11-8-6）。

日军长官（竖起大拇指）：你的，大大的好孩子！快带我们去找八路军！

小虎子（急得直摇头）：不行，不行，八路军有好多枪。我带你们去，我会被打死的。

日军长官：我们有更多。小孩，不要怕，快带我们去。

旁白：小虎子默默记下有多少日本鬼子、有多少枪。他假装带路，领着鬼子在崎岖的山路上左拐右拐。鬼子们扛着枪，累得气喘吁吁。小虎子看准时机，逃走了。他跑回了村子。

村子里

旁白：王伯伯根据小虎子提供的情报调整了作战计划（图11-8-7），突袭很成功！日本鬼子吃了败仗，准备从小路逃跑，被埋伏好的八路军一举消灭了。八路军打了一个大胜仗（图11-8-8）！后来，小虎子加入了儿童团（图 11 - 8 - 9）。大家都亲切地叫他"机灵的小虎子"。

　　所有演员上台，鞠躬谢幕。

图 11 - 8 - 6

图 11 - 8 - 7

图 11 - 8 - 8

图 11 - 8 - 9